JN221315

日中翻訳学院 **10** 周年記念出版

日中 中日 翻訳必携

実戦編IV

こなれた訳文に仕上げるコツ

●

武吉次朗 編著

日本僑報社

おことわり

本書に使用した課題文の大半は、中国の書籍と新聞から引用したもので、その内ごく少数の原文は、原著者の了解を取り付けられないまま引用した形になりました。中日翻訳レベル向上のため、日中相互理解深化のため、まげてご寛恕を請う次第であります。

目　次

III 体験談 図書翻訳者としてデビューした受講者たちの率直な感想

IV 体験談 その2 武吉塾と出会い塾長に師事した実り多い日々の回顧

“十年磨一剣”──武吉塾の10年
武吉次朗

武吉塾の由来

　私は1980年代に東京の貿易団体事務局で、若手の事務局員を対象に、自分なりの教材を使って翻訳のテクニックを教えた。1990年に大阪の摂南大学に移ってからは、日中友好協会付設の中国語学院で毎週一回、社会人を対象に翻訳を教えるとともに、教材に使った中国で話題の図書を二冊訳して、東方書店から刊行した。この時期に、元新聞記者や高校教師たちから翻訳の法則性につき質問攻めに遭ったが、中文和訳のテキストなどないので、英文和訳の本を読んでみたら、英語と中国語に共通項が多いことに気づき、これを手掛かりに「中文和訳の法則性」を自分なりに整理できた。2003年からは横浜のフェリス女学院大学で、これも社会人を対象に翻訳を教えたし、2008年から3年間、月刊誌『中国語ジャーナル』に「楽しい翻訳教室」を連載した。

　2002年に中国の中日関係史学会が、戦後中国に残って働いた日本人の事績を編纂し、『友誼鋳春秋』と題して刊行、2005年には第二巻も出た。私は同学会から日本語版の翻訳を依頼され、大阪時代の受講者有志の協力を得て二冊とも無事出版できたのだが、この出版社が日本僑報社だったことから、段躍中・張景子ご夫妻と知り合い、そのご縁で、同社付設の日中翻訳学院に2008年、中文和訳の「武吉塾」を開設することになった。

当初は毎週金曜日の夜に、池袋の日本僑報社会議室を教室にしていたが、夜の遠出が辛くなってきたので「辞めたい」と申し出たところ、張景子社長から「通信制」つまりメール方式に切り替えるよう勧められ、それなら自宅でもできるからと同意したところ、これが思いがけず「大当たり」。地方在住の方たちから「この方式を待っていた！」と申し込みが急増、教室方式時期は10人だった受講者が、第4期から20人、30人になり、14期からは毎期40人台を保っている。

　受講者は北海道から沖縄まで、さらに中国と米国にまで広がっており、空白は四国だけ。中には初耳の地名にお住いの方もおられ、中文和訳のニーズの広がりを示している。第20期までの受講者は、実数で202人、延べ608人にのぼる。

　受講者の9割以上が女性で、年齢は40代と50代が過半数を占めているが、最近は若い人が増えつつある。また、中国での留学経験者がやはり過半数であるし、今もさまざまな形で中文和訳と関わっている方が多いのもうなずける。留学経験者・長期滞在経験者とそうでない人は、課題文の理解力がはっきり異なる。

これまでに刊行した翻訳関連図書

　1984年に東方書店から刊行した『中国語翻訳・通訳ハンドブック』は、翻訳テクニックの解説というよりもエッセイ風のものだったが、日中翻訳関連の図書としては珍しかったようで増刷をかさね、なんと1万冊も売れた。1990年に東方書店が『新編・東方中国語講座』を6冊シリーズで刊行した時、翻訳篇を

共著で担当した。この時期にテキストを数冊出したが、『中国Today』は、中国と国交樹立して間もない韓国でも翻訳刊行された。

　その後は日本僑報社から『日中中日　翻訳必携』が相次ぎ出版されている。

課題文の素材探し

　私は大阪から千葉県の自宅に戻った後、ほぼ毎月1回、海浜幕張にあるアジア経済研究所図書館へ行き、中国の新聞雑誌を渉猟しているので、課題文の素材も大半はここで選んできた（一部はネットから拾っている）。

　選ぶ基準は、①テーマをなるべく多彩にする、②難易度にやや幅をもたせる、③中国に関する知識と一般常識を増やせるようにする、などである。課題文に「書簡」を加えたのは段編集長の提案であり、繁体字の文章も加えることにしたのは受講者からの希望を取り入れたものだ。

　『翻訳必携・実戦編』を編纂するにあたり、それまでの例文を分類してみたら、中国社会、中国経済、中国政治家、中国法規、日中交流、日本、世界、女性、風景、会話体の10項目に仕分けできた。強いて言えば、十九期の「王蒙」のような人間描写の例文をもっと増やすべきだったが、人間描写のような文章は、人民日報にはなかなか載らない。

訳文添削の基準

　添削の基準は「そのまま新聞に掲載できるレベルの訳文」に

すること。このため、①漢字ばかりの原文の「文字搬家」ではなく、なめらかな日本語に訳されていること、②卑俗な単語が使われていないこと、③送り仮名や数字、そして外来語のカタカナが正しく表記されていること、④漢字が多用されていないこと、などが不可欠であり、報道機関が出している『用語の手引き』や『日本語表記ルールブック』に依らなければいけない。

　一人ひとりの訳文を添削するうち、同じまちがいをくり返す人が意外に多いことに気づいた。たとえば "都" などの副詞はできるだけ省略したい、と指摘した場合、その後は他の副詞も省略した方は少数で、指摘した "都" だけ省略した方と、相変わらずの方のほうが多数なのだ。どうやら、一回の指摘ですべてOK、と期待するほうが無理なようだ。

　添削した各人の訳文は、外国在住の受講者へはメールでお返ししてきたが、国内在住者へは郵便で返送している。切手代が毎期4万円以上かかるけれども、肉筆のままのほうが「迫力がある」「温かみがある」などの評価をいただいているからだ。郵便局でいろいろな記念切手を選んでいるが、幸い好評のようだ。

参考訳文と参考訳例

　私が作る参考訳文は、受講者の皆さんの訳文から「いいとこ取り」したものだ。毎回、皆さんの訳文にはハタと膝を打つ名訳があふれていて、感心し脱帽させられる。一つの単語でもいろいろな訳語があり、タイトルになると実に多彩な訳し方があるものだと感服させられる。すべて参考訳文に採用できないの

で、残りは講評で例示することにしている。

さらに、毎期2回は受講者の訳文から数編を選び、「参考訳例」として皆さんに紹介してきたが、これは私の参考訳文とはちがい、「同じ受講者仲間の訳文」だけに親しみがもて、よい刺激になっているようだ。

力をこめて書く「講評」

毎回40人の訳文添削に時間と労力をかけているが、それ以上に時間をかけ精力を込めて書いてきたのが講評である。受講者の訳文から問題点を引き出し、何度も書き直して講評に仕上げると、ほんとうに疲労困憊するけれども、達成感を味わえるのが実に楽しい。幸い、「講評」は「好評」をいただいているようで、講師冥利に尽きる。

講評にはもう一つ、関連する中国事情や日本事情の紹介、同じ漢字でも中国語と日本語では意味や用法が異なることの指摘、等々、私の知識をフル動員して書き加える部分が不可欠であり、思い違いを避けるため、辞書やネットで調べることにも時間をかけている。それでも時たま、まちがいを指摘されることがあり、赤面しながら勉強にもなっている。

楽しいスクーリング

各期の最終回（つまり15回目）に開くスクーリングに、地方から遠路はるばる出席していただくのは、実にありがたいことであり、それだけに「出席した甲斐があった！」と喜んでいただけるよう、工夫が欠かせない。毎回、まず私が小一時間か

けて話すことになっているので、これまでと重ならないようテーマをしぼり、中身を工夫してきた。つづいて毎回、数人の方に体験談を披露してもらい、その後は茶菓を賞味しながら、出席者全員に1人1〜2分ずつ自己紹介と感想を述べてもらっているが、これが実に楽しいし、出席者にとっても、「厳しい環境下で頑張っている仲間が大勢いる」ことを実感し、刺激を受け励まされるひと時になっているようだ。

スクーリングの最後には、段さんに集合写真を撮っていただくのだが、どの期の写真にも皆さんの笑顔があふれていて、良い思い出になっている。

成長を実感する受講者とは

受講者の皆さんと長年付き合う中で、翻訳能力がグングン伸びる人、ある程度伸びたところで足踏みする人、なかなか伸びない人など、いろいろなタイプがあることに気づかされた。

日本で最初の翻訳会社を立ち上げた在日華僑の友人によると、翻訳の仕事をしたいと申し出る人には、まず自国語（日本人なら日本語、中国人なら中国語）で、何かをテーマにした短文を書いてもらい、その出来栄えにより採否を判断しているそうだ。翻訳に必要なのは原文の理解力と訳文の表現力だが、「最終製品」である訳文の表現力が決め手であり、それは自国語で文章を書く力を見れば分かる、というわけだ。

ここで、「翻訳者に必要な資質と条件」について、自分の体験も踏まえながら、8項目ほど私見を述べてみたい。いわゆる「語学力」は、当然の前提なので省略する。

①**幼いころから、どれほど読書に親しんできたか**。読書は幅広い知識を身につけるとともに、探求心と知識欲を持ち続ける上でも不可欠だ。私の場合、少年のころは兄や姉の本まで乱読したし、敗戦後は手元に残ったわずかな本をくり返し熟読した。今でも、私の「至福のひととき」は、静かな音楽を聴きながら、水割りのグラス片手に、日本か中国の近現代史に関する本を読むことだ。

②**毎日、新聞をしっかり読んでいるか**。新聞は毎日読んでも飽きないし、新語も拾える。書き手がプロだから文章が練れている上、規範化されてもいるので、「文章を書く力」も自然と身につく。

③**小学生のころから、作文が大好きで得意だったか**。まさにそうだった私は、いずれも教員だった祖母と両親に作文（当時は「綴り方」と呼ばれた）を厳しく添削され、主語と述語のつながり具合や類義語の使い分けなどをたたきこまれた。おかげで私の文章（訳文を含む）は「読みやすく、分かりやすい」との評価をいただいている。

④**すぐ辞書を引くクセがついているか**。近年はネットでも検索できるけれども、やはり活字のいろいろな辞書、たとえば「漢和辞典」「類語辞典」「熟語辞典」「語感の辞典」「数え方の辞典」から「記者ハンドブック」「日本語ルールブック」「現代用語の基礎知識」など、いろいろな辞書を手元においておきたい。

⑤**語感を磨くこと**。語感とは、同義語や類義語の微妙なニュアンスの違いを感じ取る能力のこと。たとえば「すべてよく見

える」と「丸見え」は、用法がまったく異なる。私はよく「ライスカレー」と「カレーライス」の語感の違いを質問するのだが、人さまざまな答えが返ってくるのが面白い。

⑥旺盛な好奇心を持ち続けること。電車に乗ると、以前は本や雑誌を読む人が多かったけれども、近年はスマホに熱中している人ばかり。でも私は雑誌の吊り広告を見ながら「この見出しを中国語にどう訳すか」考えるのがクセになっている。体言止めの凝った日本語見出しを、述語付きの中国語に訳すのはなかなか難しく、つい乗り越しそうになる。

⑦中文和訳の場合、もう一つ、不可欠の条件があると思う。**中国人が書く原文には、独特の発想、ロジックと表現がある。**それを生かしながら、日本人に分かりやすい文章に仕立てるのが和訳のだいご味とも言える。

⑧**原文も訳文も、大声で読むこと。**翻訳に取りかかる前に、まず原文を大声で三回読む。一回目は発音と声調を確かめながら、二回目は文章構成を確認しながら、三回目はサッと。書き上げた訳文は、脱字や誤字がないか確かめながら二回、これも大声で読み上げる。これにより、黙読や小声では気づかないまちがいを発見できる。翻訳は孤独な作業だけれども、大声で読むことは孤独感から抜け出す一助にもなる。

　私はかねがね、訳文には「これが最高峰」というものはない、と自分に言い聞かせてきた。毎回私がまとめる訳文を「模範訳文」ではなく「参考訳文」と呼んでいるのも、このような見地からだ。言い換えるなら「no best, do better」である。絶えず

「より良い訳文」を目指しつづけたい。

　三つの「お」で締めくくりたい。

翻訳は、おもしろい。
　ピッタリの訳語を探り当てたときの快感を、一度味わったら病みつきになること請け合いだ。
翻訳は、おそろしい。
　自分の語学力だけでなく、知識から仕事ぶりや性格まで、すべてさらけ出してしまうのだから。
翻訳は、おく（奥）が深い。
　まさに生涯学習、"活到老，学到老"である。皆さんに励まされながら学びつづけていきたい。いま拡大しつづける日中交流という鉄橋は、無数のボルトが支えている。そのボルトの一本、いつまでも錆びないボルトの一本でありつづけたい。これが私の念願である。

I
解 説 編

不訳・加訳・語順を変える
（「武吉塾」第10期スクーリングより）

「何も足さない、何も引かない」はウイスキーの某銘柄のＣＭだが、翻訳は、足したり引いたりしないと良い訳文にはならない。

一、不訳の例

人称代名詞
"你，我，他（她）"：中文では不可欠だが、日文ではできるだけ省き、付けないと意味不明になったり誤解されたりする恐れのある場合だけ付ける。

動詞
"受到欢迎，加以研究，进行讨论"：目的語も動詞の場合、目的語だけ訳す（歓迎された、研究する、討論する）

"他喜欢吃饺子"：彼は餃子が好きだ（「食べる」を略す）。

"你写字写得很好"：君は字がうまい（「書く」を略す）。

数詞
"前面有一所学校"：この先に学校がある（「一」は英語のaと同じ）

方位詞
"桌子上，屋子里，在信中"：（方位詞を略し、机に、部屋に、手紙で）

副詞

"都，就，却，则，竟，曾，并，已经"：これらをすべて訳すと
「翻訳調」の文になるので、できるだけ略し、その代わり、
副詞のニュアンスを出すため、語尾や文末に工夫を凝らす必
要がある。

接続詞

"因为…所以…""并且""如果"：これらも副詞と同様に処理す
ると良い。

疑問符・感嘆符

　中文は、疑問文にすべて「？」を打たねばならないが、日文
は、打たなければ誤解されるような場合だけ使う。また、日文
に「！」を多用すると、品の悪い感じになってしまう。

説明調の中文を簡潔に訳す

"不惜投入重金进行宣传"：ＣＭに大枚をはたく。

"省吃俭用挣钱养家"：家族を養うため、ひたすら働き節約に努
める。

二、語順を変える例

"<u>不少乘客</u>不理解班车时间的变动"：定刻になっても発車しない
ことに不満を漏らすことに<u>乗客</u>がかなりいた。

"<u>有些父母</u>悄悄走到面谈室门口…"：中には忍び足で面談室に近
づき…する<u>親</u>までいる。

"<u>有64％的被访者</u>反映‘空气污染更严重了’"：「大気汚染がいっ
そう深刻になった」とする<u>回答者は64％</u>にのぼる。

　――いずれも、中文の主語を訳文では述語にしている――

"国务院关于机构设置的通知"：原文の語順どおり「**国務院の機構設置に関する通達**」とすると、「国務院の機構設置」について、別の組織が通達すると誤解されてしまう。ここは「**機構設置に関する国務院の通達**」と語順を変える必要がある。

三、加訳の例

　中文には「プッツン」が少なくないが、日文には「つなぎ」が欲しい。たとえば、

一方（他方、ひるがえって）：別の角度や立場から見るとき。

さて：講演で、前置きを述べてから本題に入るとき。

せめて：満足ではないが、最低限それだけは実現させたい、そうあって欲しいとき。

そこで：前の話をひとまず置いて、新たに話を展開するとき。

そもそも：ある事柄を説き起こすとき。

それにひきかえ：これから述べることが、前に述べたことと対照的なとき。

ちなみに：話の本筋から離れて、簡単な補足などを付け加えるとき。

ところで：話題を変えるときの「ことわり」。

　初心者は、まず「不訳」に取り組むと同時に、語順を変えることも試してほしい。

　なれてきたら、「加訳」にも挑戦してみる。

中国語の新語と外来語に見る世相の変遷
（「武吉塾」第13期スクーリングより）

中国語の新語と外来語の導入法については、拙著『日中中日翻訳必携』に詳述しているので、参照されたい。

言葉は世相を映す鏡。社会が大きく変化する時、新語も多く誕生する。

史有為教授によると、中国の代表的辞書である《現代汉语词典》には、日本語をそのまま取り入れた単語が768あり、欧米から入った外来語721より多い。また同辞書の第七版には、アルファベットで始まる語彙が235収載されている。

以下、時代別に見てみたい。

一、清朝末期〜民国初期

列強の侵略により中国の扉がこじ開けられ、欧米の政治・経済・科学技術・文化等々の新しい概念と知識がドッと押し寄せて、新語が続々誕生した。

欧米から「直輸入」した新語は、おおむね音訳された。

"哀的美敦书"（ultimatum、最後通牒）

"苦迭打"（クーデター）　"杯葛"（ボイコット）

"华尔兹"（ワルツ）　　"探戈"（タンゴ）

"密斯脱"（ミスター）　"密斯"（ミス）

"哈罗"（ハロー）　　　"拜拜"（バイバイ）

　1917年の「五・四運動」期に陳独秀が提唱したのが「**徳先生**」（徳謨克拉西・デモクラシー）「**賽先生**」（賽因斯・サイエンス）で、この二語は新文化運動の旗印になり、孔子以来の古い思想・道徳と決別するシンボルとして、一世を風靡した。

　新しい概念と知識の新語の大半は、日本で意訳されたものが中国へ入った。当時日本では、漢籍に詳しい学者たちが、欧米の新概念と知識を漢字で表現するため心血を注いでおり、日清戦争後に日本に留学した数万人の中国知識人がそれをそのまま持ち帰り、中国で広めたわけである。以下、例示する。

「哲学、共産主義、社会、革命」「名詞」「芸術、小説」

「公園」「演説」「師範学校、体操、運動会」「記者」

「曹達、瓦斯」（日本では珍しい音訳）

「倶楽部」（音訳と意訳を兼ねた傑作で、そのまま中国語に取り入れられた）

　民主化、工業化などの「化」、階級性、安全性などの「性」、新式、洋式などの「式」、唯物論、文学論などの「論」、確率、出生率などの「率」。これらの用法も、複合を得意とする日本語の特徴を生かして日本が編み出し、中国が「逆輸入」したものである。

　当時の医学用語と病名は、大半がドイツ語を訳した日本語のまま使われている。

　「引渡、取締、取消、打消、手続、場合」「借方、貸方」などの「訓読みの日本語」が今もそのまま中国語で使われているのは、この時期に中国の法体系と会計制度の整備に、日本から多

数の専門家が派遣され協力したことと無縁ではない。

二、人民共和国初期

　西側諸国との交流が激減した半面、ソ連一辺倒になったが、ソ連から入り根付いた新語は意外に少なかった。また、香港との交流が激減し、台湾との交流が途絶えたため、三地間の言葉の相違が大きくなった。

ソ連から入った新語（例）
音訳：
"拖拉机"（トラクター）　"康巴因"（コンバイン）
"布拉吉"（ブラウス）
意訳：
"指令性计划"　"技术经济定额"（ノルマ）
"集体农庄"（コルホーズ）

中国独自の新語（例）
"翻身"（抑圧からの解放）　"苏联老大哥"（ソ連のお兄さん）
"红领巾"（赤いネッカチーフ）
"五爱"（祖国、人民、労働、科学、公共財産）
"新村"（○○団地）
"除四害"（ハエ、蚊、ねずみ、雀⇒後に南京虫）
"百花齐放"（文学芸術分野）　"百家争鸣"（学術分野）

　普通話（共通語）・簡体字・ピンインという「三点セット」
の教育普及が始まる。
　この時期、日本語から外来語の導入がゼロだったのは、日本
への留学生がゼロだったことと、日本が大量に導入した外来語
がカタカナ表記になったので、そのまま中国語として使えなか
ったためである。

三、文化大革命期

　この時期に生まれた新語は、ほとんど死語になってしまった。

"红太阳"（毛沢東を指す）
"最最最伟大的领袖"（毛沢東への最大級の形容詞）
"造反有理""红卫兵"（いずれも日本語になった）
"样板戏"（江青夫人が推奨した8つの模範芝居）

四、改革・開放期

　生活のテンポが加速するのにともない、新語と外来語が急増
中。

"四化"（工業・農業・国防・科学技術の近代化）
"小康社会"（ややゆとりのある社会）
"港人治港"（香港人による香港統治）
"一国両制"（一国二制度）

"计划生育"（計画出産）　"小皇帝"（一人っ子）

"90后"（1990年代に生まれた世代）

"房奴""车奴""卡奴"（それぞれ、マイホーム・車・カードの
　ローンに追われる人）

"电脑"（日本語にもなった）　"网吧"（ネットカフェ）

"快餐"（ファストフード）

外来語

［欧米から］

"托福"（TOEFL）　"艾滋病"（エイズ）　"酷！"（cool）

"CD"　"DVD"　"GDP"　"WTO"

［香港・台湾から］

"义工"（ボランティア）　"埋单"（お勘定）

"作秀"（「ショー」が転じて、パフォーマンス）

"太空"（宇宙）

"按揭"（住宅を抵当にした銀行ローン）

［日本から］

公害　物流　職場　危機意識

"宅男，宅女"（オタク）　"刺身"（前は"生鱼片"）

"哆啦A梦"（ドラえもん）　"铁臂阿童木"（鉄腕アトム）

"追星族"（追っかけ）　"卡拉OK"（カラオケ）

"低头族"（スマホに熱中するうつむき族）

五、補　足

新語も外来語も変化する（例）

身障者：“残废人”⇒“残疾人”⇒“残障人”

プライバシー：“隐私”⇒“私密”

容疑者：“嫌疑犯”⇒“犯罪嫌疑人”

　日本語では同じ「**責任者**」でも、“**负责人**”は組織のトップ、“**责任人**”は事故の責任者と使い分けるようになった。

　“**麦克风**”が“**话筒**”に、“**译意风**”が“**耳机**”にと、音訳から意訳に変化する単語もある。

　“**维他命**”という音訳を“**维生素**”という意訳に変え、ＡＢＣＤを“**甲乙丙丁**”に変えたとところ、11番目に発見されたＫが訳せず、アルファベットに戻した例もある。

　新語・外来語は今後どうなっていくだろうか。大胆に予測してみたい。

①留学生の増加と帰国にともない、英語から大量の外来語が入りつづけるだろう。その場合、音訳の比率が高まるのではないか。

②香港・台湾との交流増加にともない、両地の言葉がもっと大量に大陸へ入るだろう。

③日本語からも、「**職場**」のような巧みな表現が取り入れられていくのではないか。

✤ 「翻訳調」から抜け出すコツ ✤

中文和訳の初心者に共通の問題点

　原文の意味は、ほぼ正しく理解されており、それなりに訳されているのだが、

☆原文の単語をすべて訳すので、訳文がくどくなる。

☆原文の漢字をそのまま使うので、訳文が硬くなる。

☆原文の語順をそのまま使うので、訳文がモタモタする。

一、原文の単語の一部を省略する

"她爱看中国电影" ⇒ 彼女は中国映画が好きだ。（"看"を省略）

"较大、较少、较高" ⇒ 大きい、少ない、高い（後ろの形容詞が一字の場合、"较"は「語呂合わせ」に使われているだけだから、省略してよい）

二、同じ単語でもいろいろな訳し方がある

"使用" ⇒ 使用、利用、活用、等々

"问题" ⇒ 問題、課題、事柄、事項、疑問、質問、故障、等々

三、語順を変える

"买了两盒高丽参" ⇒ 高麗人参を２箱買った。

"74％的白领" ⇒ ホワイトカラーの74％

四、日本語らしい表現に変える

"（日式便利店）深受欢迎" ⇒ 大人気、大繁盛、好評を博す

"地震随时随地都有可能发生" ⇒ 地震はいつ、どこで起きるか
　分からない。

五、時には逆転の発想も試みる

"你肯定没我游得快" ⇒（泳ぐのは）ぼくが速いにきまってる。

"（她年纪大了，）思想观念和生活习惯都已固定" ⇒ 考え方も暮
　らしぶりも今更変えるのは難しい。

訳文は「漢字３、ひらがな７」が読みやすい

　「文字がぎっしり詰まった感じ」や「文面が黒っぽい感じ」では読みにくい。パソコンでは漢字変換が簡単なので、つい漢字にしてしまう傾向が強い。特に中文和訳の場合、原文の漢字に引きずられがちなので、要注意だ。

　たとえば、下記の漢字はひらがな表記のほうが読みやすいと思う。

　　予め　有り難う　有ります　在ります　或る　如何ですか
　　美味しい　羨ましい　行（おこな）った　御座います
　　従って　して頂きました　ある事　為に　一寸
　　次の様に　出来た　偏（ひとえ）に　相応しい　我（わが）国

　『記者ハンドブック』（共同通信）には、次のような用字原則がある。

　代名詞・接続詞・助動詞は、いずれもひらがな書きを主体とする。

　形式名詞（こと、とき、ところ、うち、もの、わけ等々）も同様とする。

　報道機関では、たとえば下記の漢字は ⇒ のように統一されている。

充分 ⇒ 十分　　　規準 ⇒ 基準　　広汎 ⇒ 広範　　昂揚 ⇒ 高揚
障碍者 ⇒ 障害者　賞賛 ⇒ 称賛　　尖鋭 ⇒ 先鋭　　綜合 ⇒ 総合
諷刺 ⇒ 風刺　　　体型 ⇒ 体形

　これらは報道機関の『用語の手引き』『記者ハンドブック』などを参照してほしい。

同じ発音だが、字も意味もちがう単語（例）

暖かい、温かい　　　熱い、暑い、厚い　　現れる、表れる
超える、越える　　　追求、追究、追及　　溶ける、解ける
取る、採る、撮る、捕る、盗る、録る　　早い、速い
伸びる、延びる　　　図る、謀る、測る、計る　　平行、並行
褒賞、報償、報奨　　開放、解放　　招集、召集
異状、異常　　　　　移動、異動

一つの文節中で、次の語を重ねて用いない

ので　　が　　ため　　こと　　もの　　ところ

文語、漢語調は避ける（例）

やむなきに至った ⇒ やむを得なくなった
協議を行った ⇒ 協議した　　優勝を遂げた ⇒ 優勝した
当該 ⇒ その、当の　　　　　逐次 ⇒ 次々に、だんだん

語感の違いについて

　韓国人の女性乗務員の機内アナウンス。「皆さま、当機の左手をご覧ください。本日はお天気がよろしいので、富士山が丸見えでございます。」日本人の乗客がなぜ爆笑したのか分からず、彼女は心外だったろう。「丸見え」の意味が辞書には（広辞苑の第七巻も含めて）「残らずすっかり見えること」とあるのだから。だが「丸見え」とは下着や下心など、見えるべきでないものが露出している場合に使われる。

　適切な表現にたどりつくには、「意味」と「語感」の二つの道があるという。普通の辞書には「意味」しか載っていないが、「語感」とは、同義語や類義語の微妙なニュアンスの違いを感じ取る能力のこと。たとえば「卓球」といえば、体育館で運動靴を履いてスマッシュを激しく打ち合うイメージが浮かぶけれども、同義語の「ピンポン」は、旅館で浴衣姿にスリッパをつっかけて楽しむ姿を連想してしまう。「世界卓球選手権大会」を「世界ピンポン選手権大会」とは言えないわけだ。

　「広島」と漢字で書くとただの地名だが、「ヒロシマ」とカタカナで書くと原爆を連想してしまう。

　同じ漢字を書いても、音（おん）読みと訓読みとでは語感がちがってくる。

　日本で初めて『語感の辞典』を編纂した中村明さんは、街で自分と同姓の店の看板をよく見かけるそうだ。「キッチン ナカ

ムラ」は洋風の明るい店で創作料理まで出そうな印象を与える
けれども、これが「台所中村」だったら、薄暗い店で芋の煮っ
ころがしと目刺し程度の献立しか連想されない。ひらがな混じ
りで「中むら」と書いてあったら十中八、九は料亭だろう、と
なる。

　「ライスカレー」と「カレーライス」はどう違う？　どの辞
書にも「同じ意味」とあるが、語感は微妙に違うはずだと、私
は大阪の摂南大学で教えたとき、新入生に毎年、両者のイメー
ジの違いを質問した。答えはさまざまで、「ライスカレーは和
風、カレーライスは洋風」、「駅前の大衆食堂で食べるのがライ
スカレーで、カレーライスはホテルで食べる」、「ライスにカレ
ーをぶっかけてあるのがライスカレー、ライスの皿とカレーの
容器が別々に出されるのがカレーライス」など、面白い答えが
続出した。「ばあちゃんが食べるのがライスカレーで、オトン
とオカンが食べるのがカレーライス」と言う学生がいたので、
「じゃぁ、君が食べるのは？」と聞いたら、答えは「カレー」
だった。ちなみに、私が子どものころは「ライスカレー」しか
なかった。

　大阪に赴任したとき、関西育ちの友人が注意してくれた。
「東京の『バカ』はたしなめる程度の言葉だから言われても笑
ってすませるが、『阿呆』と言われたら本気で怒るだろう。と
ころが関西は真逆だから、注意するように」。語感が地方によ
り異なる一例だ。

　前出の『語感の辞典』で「妻」を引くと、「夫から配偶者を
指す和語」という語釈につづいて、「かみさん、おかみさん、

奥さん、奥方、奥様、家内、愚妻、細君、いえの者、うちの者、女房、伴侶、ベターハーフ、ワイフ、嫁、お内儀、令室、令閨、令夫人」など、なんと19もの同義語と類義語が収載されているので、ぜひ書店で手に取って見ていただきたい。

「ごはん、めし、ライス」は同じものだが、「ごはん」には茶碗、「めし」には丼、「ライス」には平たい皿のイメージがぴったりする。

名詞だけでなく、動詞にも語感の違いがある。たとえば「**食べる**」には、「いただく、食う、食らう」など、食べ方や食べる人の身分まで連想させる言い方がある。

「**怒る**」は単純に感情が激して相手にきつくあたることだが、「**叱る**」には相手のためを思って教育的配慮から厳しく注意する、というイメージがある。

以下、今期の課題文に出た「語感の違い」を、いくつか例示してみたい。

"**二十世紀九十年代**"（第1回・駐車場）たかだか十数年前のことを「前世紀」のように言うのには、私は違和感をもってしまう。

"**有可能**"（第2回・整形手術）は「良いことが起きる」のに用いられる。「悪いことが起きそう」な場合は「**恐れがある**」と言うだろう。

"**沿海地区**"（第3回・農民工）は海に近いところを指すが、中国では海から100kmほど離れていても使われる。

　中国では、オリンピックまで"**运动会**"（第7回・ひ弱な子ども）と言うけれども、日本語の「運動会」は小学校の行事、といったイメージだから、県レベルや全国規模のそれは「体育大会」と呼ぶのが普通だ。

　わが国の呼称は「**にっぽん**」か「**にほん**」か。戦前は「大にっぽん帝国」「世界を一周したニッポン号」と呼んだとおり、「にっぽん」で統一されていた。戦後になって、対外拡張への反省もあってか、「にほん共産党」「にほん社会党」のように左翼は「にほん」、右翼は「にっぽん国万歳」と呼称がきれいに分かれていた時期がある。「にっぽん」の叫び声が急増したのは、スポーツ声援の「ニッポン、チャチャチャ」からではないか。

　同じ「語感の違い」でも、「**敗戦**」と「**終戦**」の違いとなると、襟を正さずにはいられない。敗戦後の辛酸をなめ尽くした私は「終戦」というあいまいな用語は大嫌いで、絶対に使わない。「無条件降伏」という厳粛な事実を避ける方便として、「終戦」というごまかしのあいまいな用語を編み出したのは、何処の誰なのだろう。語感の違いには、立場から思想傾向まで反映されるものまであることを、ぜひ承知しておいていただきたい。

武吉塾受講者にぜひ注意してほしいこと
（「武吉塾」第18期講評より）

　受講者の皆さんからよく出る疑問や間違いを、10点指摘しておきます。

①タイトルについて。中国語の文章のそれは「主語＋述語」という文になったものが一般的ですが、日本語の新聞のタイトルは「体言止め」が一般的である上、字数も以前は「9字±2字」でした。近年は±の字数幅が少し広くなっていますが、字数が長すぎるのは避けましょう。文の内容をしっかり理解した上で、それにふさわしいタイトルを付けるのも、新聞社の整理部と同様に、訳者の腕の見せ所なのです。

②中国語の文章は「呼び捨て」が一般的ですが、日本語では、たとえ殺人犯であっても、逮捕されれば「〇〇容疑者」、起訴されたら「〇〇被告人」、死刑が確定した後でさえ「〇〇死刑囚」と、決して呼び捨てにはしません。必ず何か付けないと、たいへん失礼になります。ただ、報道機関のハンドブックには「敬称を付けない場合」として、①スポーツ選手と芸能人、②没後30年を過ぎた歴史上の人物、などが例示されています。

③人称代名詞について。中国語の文章では多用されますが、日本語の文章では意味不明にならない限り使わず、できるだけ減らすことが肝心です。また"他"を一概に「彼」とはせず、たとえば尊敬の語感がある「氏」にするなどの工夫も欠かせ

ません。

④中国語の文章では、疑問文には必ず"？"を付ける必要があ
　りますが、日本語の文章では「昨日行った」「昨日行った？」
　のように、使わないと意味不明になったり誤解されたりする
　場合のみ「？」が使われます。

⑤感嘆符（！）は、中国語の文章では多用されますが、日本語
　の文章で多用すると、少々品の悪い感じになってしまいます。

⑥数字の表記について。中国語の文章は"2.2亿人"のように
　書きますが、日本語の文章では小数点を使わず、「2億2000
　万人」のように書きます（科学技術の専門書は別です）。

⑦数字以外の単位・句読点などの表記については、以前に紹介
　した『日本語表記ルールブック』をしっかりお読みください。

⑧"32个国家"を日本語では「32カ国」と書きます。国にか
　ぎらず、物を数えるときの「カ」は、漢字でもひらがなでも
　なくカタカナであり、小文字ではなく大文字です。

⑨……。」と言った。　このように 」の後ろに文が続く場合、
　」の前にピリオドは打てません。

⑩数字と固有名詞の書き間違いは、訳者にとり致命傷ですから、
　訳し終えた後、必ず見直してください。見直す時は、黙読で
　はなく音読（大声で読む）が効果的です。

　翻訳に取り掛かる前に、まず原文を3回、大声で朗読するこ
とと、検索を励行することについては、「受講者の皆さんへ」
のメールに書いたとおりです。

　この「注意事項」を保存しておき、翻訳に取り組むつど読み
返すことをお勧めします。

II

例文編

中文和訳の武吉塾で15期から19期までに出した課題文75編の中から15編を選び、それぞれの課題文・参考訳文・講評を掲載する。中文和訳はもとより、和文中訳などについても、訳者を志す方たちにとり参考になるものと信じている。

养宠物不只是您的私事

　　宠物是人类的伙伴。在家里饲养宠物，能增进人与动物的关系，给生活增添乐趣。然而，任何宠物的饲养，都应该以不干扰别人为前提。如果任由宠物随意排泄、满院溜达，就很可能会给大家的生活造成干扰。所以说，养宠物从来不是一件家庭私事，而是涉及到公共利益，需要有管理有规范，避免出乱子。

　　那么，到底该如何让宠物饲养者管好宠物，减少宠物饲养所带来的诸多问题呢？

　　举一个例子：在日本，遛狗时要随身带上清洁工具和垃圾袋，狗大便后主人要随时打扫，并且，装入垃圾袋的狗大便不可以随便扔在公园的垃圾桶，必须带回家处理。

　　饲养宠物体现着宠物主人的素质和自觉。随着生活水平的提高，饲养宠物的人越来越多。希望文明饲养成为宠物主人的自觉行动。也就是说，如果您决定养宠物，就请您"负责"它的一生，不随意弃养；认真"管教"它的生活，不让它干扰别人的生活。

〔出所〕《人民日报》（2015年6月12日）

［注］中国でペットが増えつづけており、犬は北京市内だけで100万頭を超えた由で、日本のような規制が不十分なので、問題が多発しています。

私事ではすまされないペット飼育

　ペットは人類のパートナー。家でペットを飼えば、人と動物のつながりを強められ、暮らしに潤いをもたらしてくれる。だが、どんなペットを飼うにせよ、他人に迷惑をかけないことを前提にすべきである。もしペットが所かまわず排泄したり庭をうろついたりするのを放任するなら、他人の暮らしの迷惑になりかねない。だからペットを飼うのは決してプライベートな事ではなく、公共の利益に関わるので、トラブルが起きないよう、管理とルールが必要なのである。

　では、ペット飼育がもたらすさまざまなトラブルを減らすため、飼い主はどのように面倒を見れば良いのだろうか。

　一例を挙げると、日本では、犬を散歩させる時、必ず清掃道具とごみ袋を携行し、犬のフンはその都度片付けた上、フンを入れたごみ袋は公園のゴミ箱に捨てたりせず、持ち帰って処分することになっている。

　ペット飼育には、飼い主の教養と自覚が映し出される。生活レベルの向上にともない、ペットを飼う人は増える一方だが、飼育マナーを守ることを常に意識し実行して欲しい。つまり、もしあなたがペットを飼うなら、きままに捨てたりせず、その一生に責任をもって欲しいし、ペットが他人の暮らしに迷惑をかけないよう、きちんとしつけていただきたい。

「原文の漢字をすべて訳す」必要はない

　「上海にいた時、小学生だった息子が、リードをつけていないドーベルマンに追いかけられ、本当に怖い思いをしたことがありました」などの感想が寄せられました。

　タイトル。「ペット飼育の公共性」「ペットを飼うということ」「責任あるペットの飼い方」「ペット飼育は周囲への配慮を」などがありました。４人の方が同じタイトルを付けられたので、それを参考訳文に拝借しました。

　タイトルについて、日ごろ思っていることを書いてみます。9月13日の一斉送信に書いたとおり、武吉塾の添削の基準は「そのまま新聞に掲載できるレベル」でして、タイトルも同様になります。中国の新聞のタイトルは、主語＋動詞＋目的語というように、見事な「文」になったものが多いのですが、日本のそれは違います。私が昔、貿易団体の新聞担当になった時、旧知のプロに教えを乞うたら、次のように説明してくれました。「新聞の見出しのポイントは三つ。①字数は、9字プラス・マイナス2字（つまり多くて11字、少なくて7字）。②必ずひらがなを入れる（漢字だけの見出しは「卒塔婆」と呼ばれ嫌われる）。③必ず体現止めにする。」近年の新聞には、これを多少はみ出たものも散見されますが、皆さん、ぜひ毎日、新聞の見出しをじっくり見てください。そして、原文のタイトルにこだわらず、訳文の内容に即した、日本の新聞にふさわしいタイトル

を工夫してみてください。

　次回から、タイトルが「体言止め」になっていない訳文には
"好！"を付けないことにします。

"伙伴"：「仲間」「同伴者」「伴侶」「良き友人」などがありまし
　　た。

"増进关系"：「絆を深める」「ふれ合いが増える」「コミュニケ
　　ーションを深める」など。

"（増添）乐趣"：「喜び」「楽しみ」「色どり（を添える）」など。

"干扰"：「邪魔」「妨げ」「支障」など。

"随意"：「自由に」「あたり構わず」「好き勝手に」など。

"满院溜达"：「中庭で放し飼いする」など。「散歩させる」とし
　　た方が数人います。辞書には"溜达"＝「散歩」と載ってい
　　ますが、飼い主が付いていない場合「犬が散歩する」とは言
　　わないでしょう。

"私事"：「私事」「個人的なこと」「家庭内のこと」など。

"随时"：「すぐ」「その場で」。

"带回家"：「家に持ち帰る」とした方がかなりいます。中国語
　　は説明調ですから、単語をすべてキチンと言いますが、日本
　　語では「家」を略して「持ち帰る」だけで、意味が十分通じ
　　ます。「原文の漢字をすべて訳す」必要はありません。

"文明饲养"：「公衆道徳にかなう飼育」「マナーを心得た飼育」
　　「エチケットをわきまえた飼育」など。

　中国語の構造は「動詞＋目的語」ですから、第二段落の構造も「行動＋目的」になっています。しかし日本語の順序は逆で、参考訳文のように「目的＋行動」ですし、そのほうが自然に読めると思います。第一段落の末尾も同様です。

　日本の犬も昔は放し飼いで、よくトラブルが起きていました。今のように管理が厳しくなったのは戦後のことです。

　私の教え子が中国人と結婚して瀋陽に住んでいた時、犬を飼ったので、登録と予防注射のため衛生局に連れて行ったところ、登録料と注射代について、「領収書が要るなら100元だが、要らないなら50元で良い」と言われたそうです。登録がまだ厳しく義務づけられていなかった時代の話ですが。

　もっとも、深圳在住の受講者の方によると、住んでいるアパートの庭にペット用トイレとビニール袋が設置されており、道端や公園でも犬のフンを見かけることはほとんどない由です。

　今回も、添削した訳文を返送する際に「楽らく対訳」を同封します。

北京旅游部门的"厕所革命"

行走北京街头，只要手机下载了由市政府和旅游部门联合开发的"公厕查询"软件，一次点击，周边的公厕位置立即在地图上显示出来。再摇一摇，手机还会自动确定距离最近的，并确定步行路线。

现有成果并非一日之功。北京旅游系统的"厕所革命"已经持续了30多年。经过多年努力，改善了全市主要旅游景区的厕所设施条件和服务功能，为展现北京的国际旅游城市形象打下了良好基础。

据介绍，经过改造，除女厕比例普遍提高外，大部分厕所设置了供老年人和残疾人用的无障碍卫生间，以及母婴卫生间。

北京历史文化景区多，很多地方的厕所建设要与整个环境融合，不能影响文物安全和景区风貌，所以在选址和设计方面都要用心斟酌。

对于季节性的高峰客流，景区也采取临时措施：每到国庆期间，颐和园要增加20多座流动公厕，且全部为中性厕所，以缓解男厕人少、女厕排长队的现象。

〔出所〕《人民日报》（2015年6月21日）

［注］①本文の元のタイトルは、"为'方便'之所　开方便之门"です。
　　　②"旅游七件事：吃、厕、住、行、游、购、娱"と言われます。

 ────────────────────────────【参考訳文】

北京市の「トイレ革命」

北京の街を散策するとき、市政府と観光当局が共同で開発した「公衆トイレナビ」をスマートフォンにダウンロードしてタップすれば、即座に周辺の公衆トイレの位置が地図で示される。さらにシェイクすれば、もよりのトイレまでの道順を教えてくれる。

この成果は一朝一夕で得られたものではない。北京市観光部門による「トイレ革命」は、30年以上も続けられてきた。長年にわたる努力の結果、全市の主な観光地でトイレの設置要件とサービス機能が改善され、国際観光都市・北京というイメージを確立する土台が築かれた。

紹介によると、女性用トイレの比率が全般的に高まったほか、ほとんどの公衆トイレに高齢者と身障者向けのバリアフリートイレ、そして母子用トイレが設けられた。

北京市には歴史的にも文化的にも意義のある観光地が多いので、公衆トイレの設置は周囲の環境とマッチしなければならず、文化財の保全と景観に影響しないよう、場所の選定とデザインに細心の配慮が求められる。

また、観光シーズンの混雑にも、観光地ではその都度対応措置をとっている。たとえば頤和園では国慶節期間にかぎり、仮設トイレを20基以上設置しているが、男性用は空いているが女性用は長蛇の列という状況を緩和するため、それをすべて男女共用タイプにしている。

───────────────────────────────── 【講評】

トイレの数の数え方

　中国の観光地のトイレ事情は、北京五輪と上海万博を契機に、かなり改善されてきました。かつて北京の天安門広場では大イベントの都度、幕を張っただけの臨時トイレが周囲に作られていましたが、屎尿を暗渠に流すだけの「原始的なもの」でした。ところが私が2009年（建国60周年）の国慶節直後に行ってみると、日本の工事現場でよく見かける仮設トイレがたくさん設置されたままになっていました。課題文の"公厕查询"をダウンロードされた方がおられ、「こんなトイレを使ってみたくなりました」と、訳文に付記されました。

"街头"：街路や街角に使うのは「街」で、「町」は行政区画や
　　下町などの地域に使われます。
"（公厕）查询软件"：「検索アプリ」「案内ソフト」などがあり
　　ました。
"距离最近的"：原文の漢字にとらわれたのか、「最も近距離」
　　「一番近い」とされた方が大半でしたが、日本語には「もよ
　　り（最寄り）」というやさしい表現もあります。
"并非一日之功"：「成果は一日にして成らず」「ローマは一日に
　　して成らず」など。
"旅游系统"：ここは「システム」ではなく「組織」を指します。
"30多年"：『日本語表記ルールブック』によると、「30年以

　上」は良いが、「30 余年」とは書けず、「三十余年」と漢数
　字表記にしなければなりません。

"设施条件和服务功能"：「ハード面とソフト面」など。

"展现〜〜形象"：「イメージ形成」「好印象を広める」など。

"母婴卫生间"：ある方から写真を送っていただいたので、ご参
　考まで訳文返送に同封します。

"景区"：「観光スポット」「名所旧跡」など。

"用心斟酌"：「気をくばる」「きめ細かな配慮」など。

"流动公厕"：日本の工事現場でよく見かけるような「仮設トイ
　レ」ですね。原文の"流动"につられて「移動式」とした方
　がかなりいますが、「移動式」とは車載式のトイレカーを指
　すようです。

"20 多座"：『数え方の辞典』によれば、建物の中に設置された
　トイレは「箇所」、トイレの個室は「室」、仮設トイレは
　「基」で数えます。

"中性厕所"：「男女共用」など。"中性"を「ジェンダーフリ
　ー」「ユニセックス」「ユニバーサル」とした方がいますが、
　ここで使う適否は私には分かりません。

中俄扩大清洁能源合作

　　亚马尔半岛位于俄罗斯西西伯利亚平原西北尽头，一度是不为人知的穷乡僻壤。然而，这片荒芜的土地下却埋藏着俄罗斯储量最大的天然气田。随着中俄之间能源合作项目——亚马儿液化天然气项目的建设，这里一跃成为俄罗斯引以为傲的"北极圈能源明珠"。

　　中方以参股方式与俄方开展合作，开辟了中俄能源合作的全新路径。如今，中方的持股比例达29.9%，成为第二大股东。据悉，该项目融资总金额约为270亿美元，中国多家银行已批准为该项目融资。

　　目前，中国已成为俄第一大贸易伙伴和重要外资来源国。受国际大宗商品价格大幅下跌的影响，去年中俄双边贸易额有所下降，但双边贸易的规模不减反增，尤其是在能源领域。

　　中俄开展能源合作有着得天独厚的地缘优势。双方互有需求，互补性强。对中国而言，这也是扩大能源储备的重要契机。

〔出所〕《人民日报》（2016年5月11日）

〔注〕ヤマル半島は、北極海に通じるオビ湾とカラ海との間に突出しており、面積は12万㎢、大半はツンドラ地帯です。

中国とロシア クリーンエネルギーで協力を拡大

　ロシアの西シベリア平原西北端にあるヤマル半島は、かつては知られざる辺鄙な片田舎だった。ところがその荒涼とした大地の下には、ロシアで最大規模の埋蔵量を誇る天然ガス田が眠っていた。中国とロシアのエネルギー協力プロジェクト――ヤマル液化天然ガスプロジェクトの進展にともない、この地は一躍、ロシアが誇る「北極圏エネルギーの宝庫」になった。

　中国側は、株式取得の方式でロシア側との協力を進めるという、エネルギー協力の新しい方式を編み出した。今では、中国側の持ち株比率は29.9％で、第二の大株主になっている。同プロジェクトへの融資総額は約270億米ドルで、中国の複数の銀行が融資を決定しているという。

　今や中国は、ロシアにとり最大の貿易相手国、重要な外資提供国になっている。国際的な大口商品の価格が大幅に下落した影響を受けて、昨年の中ロ貿易は金額こそいくらか減少したけれども、規模はむしろ拡大しており、特にエネルギー分野で顕著である。

　両国がエネルギー分野で協力を進めることには、独特の地理的優位性がある。両国はいずれもニーズを有し、相互補完性が高い。中国にとってはエネルギー備蓄の規模を拡大する重要な契機でもある。

"也"の訳し方に二とおり

　タイトル。「クリーンエネルギー協力を拡大する中国とロシア」「中ロ協力によるクリーンエネルギー開発」などがありました。

"一度是"：「これまで」など。以前のことを指しているのですから、続く「未開の地」は過去形にすべきです。

"穷乡僻壤"：「僻地」「未開の地」「人も通わぬ貧しいところ」など。

"能源明珠"：「宝石」「真珠」など。「希望の地」という意訳もありました。

"开辟了新途径"：「新たな道筋を切り開いた」「まったく新しい形態を開発した」など。

"据悉"：これは文末の"融资"まで係っています。

"批准"：「承諾した」「決裁した」など。「認可した」とされた方が数人いますが、これは官庁が認めたことで、銀行にはなじみません。

"外资来源国"：「外資導入先」など。「外貨獲得」は貿易黒字などにも使われます。

"大宗商品"：原油・鉱産物・農産物など、大量で取引される物資を指します。

"有所"：「若干」「やや」など。これを見落とした方がかなりい

　ました。

"下降"：「減額」とした方が数人いますが、「減額・増額」は自
　分の意思でおこなう行為になります。

"地縁优勢"：「地の利に恵まれた」「地政学的メリット」など。

"这也是"の"也"は、"我是医生，她也是医生"のように目的
　語が同じ場合に使われるほか、"我是医生，（我）也是作家"
　のように主語が同じ場合にも使われます。課題文は後者です
　から、参考訳文のような訳し方になります。半数近い方が間
　違いました。

　ヤマルは極寒の地なので、天然ガスのパイプライン輸送は難
しく、北極海航路を開拓することになるようです。

　ガスの備蓄について。プロパンガス〔LPG〕は備蓄しやすい
ので、日本にも備蓄基地がありますが、液化天然ガス〔LNG〕
は超低温なので、備蓄が技術的に困難とされています。課題文
の文末の意味が、イマイチ不明です。

奔跑吧，中欧班列

　　自2011年以来，中欧国际货物列车（即班列）如雨后春笋般在全国兴起，迄今国内开行城市已达27个，到达欧洲11个国家的28个城市，年开行列数从2011年的17列逐年递增到2016年的1700列。中欧铁路班列的运输时间比海运节省近一个月；与航空相比，不仅价格低廉，而且绿色低碳。如今，中欧班列不仅实现了定点和定价，而且有了"时刻表"。繁忙的中欧班列让第二亚欧大陆桥热闹非凡。

　　以日用小商品、服装、箱包、五金工具以及电子产品等为代表的2000多种性价比高的"中国制造"，通过中欧班列运抵中亚和欧洲市场；而英国的母婴商品、德国啤酒、西班牙火腿和哈萨克斯坦面粉等抢手货，也通过中欧班列送到中国消费者手中。中欧班列正驶入经济共荣、贸易互补、民心相通的快车道。

　　不过，中国铁路的轨距为1435毫米，而哈萨克斯坦铁路轨距是1520毫米，因此列车入境就要在阿拉山口换装，出境要在哈萨克斯坦的多斯托克换装。

〔出所〕《人民日报》（2017年5月5日）

〔注〕①"中欧班列"とは、中国各地から中央アジアを経由して欧州各

国に至る定時運行の貨物列車のことで、最長距離は1万kmを
超えます。「第二のランドブリッジ」と呼ばれる"中欧班列"は、
近年注目されている「シルクロード経済ベルト」（いわゆる「一
帯一路」の「一路」のほう）の中核的な役割を果たしています。
ちなみに「第一のランドブリッジ」は、ウラジオストクから中
国東北部を通ってシベリアを横断し、モスクワ経由で欧州各国
まで13,000kmの鉄道路線を指します。
②"性价比"とは「コストパフォーマンス」（性能と価格を比較し
た場合の満足度）のことです。
③"换装"とは、クレーンでコンテナをこちらの貨車からあちら
の貨車へ積み替える作業のことで、2時間で55両分の積み替え
を終える由です。
④タイトルは必ず「体言止め」にしてください。

【参考訳文】

疾駆する国際貨物列車

　中国と欧州を結ぶ国際貨物列車は、2011年から全国各地で
続々と誕生しており、今では中国の27都市と欧州11カ国の28
都市を結び、列車数は2011年に17本だったが年ごとに増えて、
2016年には1700本になった。同列車による輸送時間は海路よ
り1カ月近く短縮できるし、空路と比べるなら料金が安いうえ
環境にやさしい。今や同列車は、始発・終着駅の固定化と定価
運賃を実現した上、「ダイヤ」まで組まれており、頻繁に行き
来するので、第二のランドブリッジは活況を呈している。

　日用雑貨、衣料品、バッグ類、金属工具と電子製品等々、コ
ストパフォーマンスの優れた二千品目を超える中国製品が、こ

の国際貨物列車で中央アジアと欧州市場へ送られ、見返りに、英国製マタニティー・ベビー用品、ドイツビール、スペインのハム、カザフスタン産の小麦粉といった人気商品が、中国の消費者へ届けられている。こうして同列車は、経済の共同繁栄、貿易の相互補完と民心の交流融和というレールを快走している。

　ただし、中国鉄道のゲージは1435mmだが、カザフスタンのそれは1520mmなので、中国へ入国する列車は中国側国境の阿拉山口駅で、出国する列車はカザフスタン側のドストゥイク駅で、それぞれコンテナを積み替える作業が必要である。

【講評】

"个" の正しい訳は「力」

　「中欧班列がこんなに活発になっているとは驚きです」などの感想が寄せられました。

　タイトル。全般的に「長すぎる」ものが目立ちました。「中国・欧州間の国際……」は明らかに重複していますし、「定期」をタイトルに加える必要もないでしょう。参考訳文は、ある方のを拝借しました。一番短かったタイトルは「走れ 中欧班列」でしたが、"中欧班列"は日本語としてまだ定着していないので、タイトルも文中でも「カギカッコ」を付ける必要があります。

"开行"：《现代汉语词典》には"车或船启动行驶"とあります。

"11个国家、一个月"の"个"を「か」「ケ」とした方が、まだかなりおられます。何度もくり返しますが、正しくは「カ」（大文字）です。書き間違いのクセをぜひ直してください。

"17列"：『数え方の辞典』に「列車の運行数は『本』で数える」とあります。

"绿色低碳"：地球環境を論じた文章ではないので、"低碳"にとらわれず、参考訳文のように平易な表現にしても良いと思いますが、如何でしょうか。

"定点"：これを抜かしたり間違ったりした方が大勢いました。「路線」や「ルート」とは少し違います。「定時」とした方は、後ろに「時刻表」がつづくことに気づかなかったのでしょうか。

"箱包"：「バッグ」ではなく「バック」とした方が多かったのは意外でしたが、ふだん話すときに「バック」と言っているからでしょう。また、スーツケースやトランクだけではありません。《现代汉语词典》の語釈は"箱子、皮包、背包等的统称"です。

"2000多种"：この講評で何度も書きましたが、概数の表記はぜひ、『日本語表記ルールブック』や『記者ハンドブック』の「決まり」に沿って、参考訳文のように書いてほしいものです。

"英国的……面粉"：「四つとも『〇〇の△△』とせず、それぞれ書き方を変えてみました」とした方がおられたので、参考

訳文もそれを採用しました。

“阿拉山口”：鉄道の駅と保税区がある国境の町で、最近「市」に昇格しました。ウイグル語では「アラタウ」。ちなみに“山口”は峠のことなので、私は「アラ峠」と表記することもあります。

“多斯托克”：3年前に古巣の日本国際貿易促進協会が現地調査団を派遣したので、参考訳文の地名は、その報告書にあるもの（カザフ語）を拝借しています。

　本文に“中欧班列”が7回も登場します。大半の方がすべてそのまま訳されましたが、私には「くどい」感じが付きまといます。そこで参考訳文では、3回「同列車」と言い換え、2回は省略し、「国際貨物列車」は2回しか使っていません。もし「訳文はすべて原文と同じ表現にしなければならない」という「既成概念」があるのなら、ぜひ打破してほしいものです。

在二十国集团领导人
杭州峰会上的闭幕词(摘录)

各位同事：

　　我们用了一天半的时间，围绕会议主题和重点议题进行了热烈而富有成果的讨论，就加强政策协调以及影响世界经济的其他突出问题，深入交换看法，达成许多重要共识。

　　在我正式宣布会议结束之前，我想向大家表示诚挚谢意。感谢你们对我本人和中国政府的信任，感谢你们在会议期间给予中方的支持、理解、合作，感谢你们为推动世界经济增长和二十国集团发展付出的辛勤努力和作出的重要贡献。

　　在我们共同努力下，这次会议取得了丰硕成果，画上了圆满句号。

　　相聚美好而又短暂，很快到了我们要说再见的时候。会议结束后，我将参加记者招待会，向媒体简要介绍会议成果和讨论情况。有些同事还要在中国逗留几天，有些同事很快将离开中国。我希望这次中国之行和西湖风光能给大家留下美好的回忆，也愿借此机

会祝大家旅途愉快，一路平安！

　　最后，我宣布：二十国集团领导人杭州峰会闭幕！

　　谢谢大家。

〔出所〕新华社（2016年9月5日电）

［注］①主要20カ国・地域首脳会議（G20サミット）は、今年9月4日と5日、杭州で開催されました。これは議長を務めた習近平主席がおこなった閉会の挨拶の一部です。

　　②「G20」については、ネットにたくさん解説が出ています。

　　③公式の場での格調高い挨拶ですから、それにふさわしい言葉づかいで訳してください。

 ━━━━━━━━━━━━━━━━━━━━━【参考訳文】

G20杭州サミットにおける閉会の辞（抜粋）

　ご臨席の皆さま

　私たちは一日半にわたり、会議のテーマと重点的議題をめぐり、活発かつ実り多い討論をくり広げ、政策面での協調の強化、および世界経済に影響をおよぼす際立った課題につき深く掘り下げて意見交換をおこない、多くの重要なコンセンサスを得ました。

　閉会を宣言するにあたり、皆さまに心から感謝したいと思います。皆さまが私および中国政府に示された信頼に対して、会期中に中国側に寄せられた支持、理解と協力に対して、世界経

済の成長とG20の発展を推進するため尽くされた努力と重要な貢献に対して、感謝の意を捧げます。

　私たちが共に努力した結果、今回の会議は実り豊かな成果を収め、りっぱに幕を閉じることになりました。

　楽しかった集いも早や終わり、お別れの時が近づきました。閉会後、私は記者会見をおこない、会議の成果と討議の様子をメディアへ簡潔に紹介します。サミット閉会後、なお数日残られる方もおられますし、すぐ帰国される方もおられますが、今回の中国訪問と風光明媚な西湖が皆さまのすばらしい思い出となるよう願い、あわせて皆さまの快適な旅と一路平安を祈念いたします。

　最後に、G20杭州サミットの閉会を宣言します。

　ありがとうございました。

　　　　　　　　　　　　　　　　　　　　　　　【講評】

“问题”の訳は多彩

　「習主席の通訳を務める気持ちで取り組みました」「何回も大声で読み直しているうちに、自分が演壇に立っているような気分になりました」なとの感想が寄せられました。

　タイトル。**“闭幕”**をそのまま「閉幕」とした方がいますが、日本語の「閉幕」はスポーツや展覧会などの行事や催しについて言うもので、会議は「閉会」がベターでしょう。**“闭幕词”**

ですが、第16期・11の講評に書いたように、「談話」は非公式の話やある話題について一定の立場の人が意見を述べること、「スピーチ、挨拶」は短い話のことで、軽い感じです。また、閉幕の時に「演説」はしないでしょう。"摘録"は課題文のような「抜粋」のことで、「要約」「要旨」は重点をそれぞれ短くまとめたものです。

"各位同事"：近ごろ中国でこの言い方が流行っているようですが、日本では参考訳文の表現が一般的と思います。

"突出问题"：「優先的課題」「顕著な問題」など。中国人は日常会話でも"问题"をよく使いますが、日本語では「問題」のほか「課題」「懸案」などと訳すほうが適切な場合も少なくありません。何度もくり返しますが、原文の漢字にとらわれず、日本語にふさわしい訳語を見つけることが肝要です。

"共识"：「コンセンサス」が定訳です。

三つの"感谢"：中国語では"感谢"をくり返すことで強調しますが、日本語は参考訳文のようにまとめるのが一般的です（私が貿易団体で通訳を務めたころ、答礼宴会など公式の場での挨拶で、このような日中それぞれの言い回しを、いろいろ覚えたものです）。書面なら「…に」で分かるところを、参考訳文がすべて「…に対して」としているのは、私が通訳したころ、耳で聞く場合は「…に対して」をくり返すほうが理解しやすいことに気づき、以来その表現を使いなれたからです。

"画上圆满句号"：「無事終止符を打つ」「有終の美を飾る」「滞

りなく幕を閉じる」など。

"相聚美好而又短暫"：「皆さまと過ごした時間は素晴らしいものの短い時間であり」「一堂に会し短くとも素晴らしい時間を共にしました」など。

"（西湖）风光"：「景観」「美しい景色」など。

"祝一路平安"：「無事帰国されるよう祈念する」など。

"谢谢大家"：中国語は必ず"大家"か"各位"を付けますが、日本語は「ありがとうございました」が決まり文句でしょう。

　今回の皆さんの訳文を通覧して感じるのは、一部の方が直訳調から抜けきっておらず、こなれた日本語の域には、まだ少し距離があることです。課題文はいろいろなジャンルから選んでいますので、ぜひいろいろなジャンルの文章を渉猟して、特にその中の「決まり文句」を、アタマの引き出しに納めてください。

缅怀吴建民大使

吴建民搞了一辈子外交，但名满天下是在他退休之后。他有着务实、理性的外交理念，而且积极著书、四处演讲来宣扬自己的观点，使得他常被人称为"鸽派"。他为人谦和，谈吐不凡，是中国外交家的杰出代表。他不幸去世了，却留给后人许多值得深思的问题。

他最后一次接受记者采访时说："中国面临的最大挑战者是自己。中华民族不怕多灾多难，就怕自己头脑发昏。"

吴建民在法国当大使期间，平均每年在法国各处要做五十多场报告，他会抓住一切采访、演讲、出席重大活动和宴请的机会，让法国人更多地了解中国。

有件事曾成为外交界的趣闻，就是他要亲自挑厨师。他说："我当大使，干部是领导分配的，我一般不挑，但是厨师我得挑，因为好厨师是大使的秘密武器。"

因为有位好厨师，能做一手地道的中国菜，吴建民在驻法大使时，曾经请到法国总统夫妇来他的官邸

吃了一顿饭。吴建民说："中国人和法国人走到一起，
谈起吃，可以谈得没完没了。"

〔出所〕《南方周末》（2016年6月23日）

［注］呉建民氏は2016年6月18日早朝、出張先の武漢市で交通事故の
ため不慮の死をとげました。77歳でした。定年後、外交官を養成する
外交学院の院長を務めたときに、必修科目の教材用に編纂した《外交案
例》（CASE STUDIES IN DIPLOMACY）は広く市販されており、私も
一冊購入しました。

【参考訳文】

追想 呉建民大使

　呉建民氏は外交に生涯を捧げた人だが、広く知られるように
なったのは現役を引退してからだった。現実に即した理性的な
外交理念を抱き、多くの著作と講演でその観点を広めたので、
よく「ハト派」と言われた。その謙虚な人柄と非凡な語り口か
ら、中国外交家の傑出した代表格にあつた。氏は不慮の死をと
げたけれども、深く考えさせられる多くの課題を、後世の人た
ちに残してくれている。

　呉氏は生前最後のインタビューで次のように語っている。
「中国が直面している最大のチャレンジャーは自分自身だ。中
華民族はどんな災難も恐れるものではないが、自分がのぼせあ
がって分別を失うことだけは用心が必要だ。」

　呉建民氏は、フランス大使を務めたとき、毎年各地で五十数回も講演をおこなった。インタビュー、講演会、重要な行事と宴席などあらゆる機会をとらえて、フランス人の中国への理解を深めるため努めた。

　呉氏がコックを自分で選んで、外交界の語り草になったことがある。氏は言う。「私が大使の時のスタッフは外務省の上司が手配するので、私は人事にあれこれ口出ししませんが、コックだけは私が決めました。優れたコックは大使にとって秘密兵器だからです。」

　本場の中華料理を手がけられる腕利きコックを抱えていたので、呉氏はフランス大使のとき、大統領夫妻を公邸での食事に招くことができた。氏によると、「中国人とフランス人が同席して食べ物を話題にしたら、盛り上がって話は尽きないでしょう。」

 ────────────────────────【講評】

人称代名詞はできるだけ減らす

　タイトル。「追憶…」「…を偲ぶ」「…の思い出」などがありました。

　"务实"：「現実的」「実践的」「実務的」など。
　"为人谦和"：「人当たりがいい」「物腰が柔らかい」「控えめな

人柄」など。

"谈吐不凡"：「優れた話し手」「弁舌（話術）に長けている」など。

"问题"：ここの「問題」は、むしろ「課題」とするほうが適切と思います。拙著『翻訳必携・実戦編 p64』を参照ください。

"挑战者"：「挑戦者」のほか「敵」「脅威」などもありました。

"头脑发昏"：中国は建国以来、1958 年の大躍進と 1966 年からの文革という、理性を失った二つの時期を経てきました。呉氏はこの苦痛の体験を踏まえ、大国に急成長した今の世相を憂えて、警鐘を鳴らしているわけです。「有頂天になる」「冷静さを失う」「判断力がにぶる」などがありました。

"要做"：ここの"要"は"必须"ではなく、軽く付いているだけです。

"五十多场"：「50 数回」と書くのは間違いです。概略の数の場合、横書きでも漢数字表記にすべき規則があります。『日本語表記ルールブック』p46 を参照ください。

"趣闻"：「エピソード」「逸話」など。

"总统夫妇"：中国語は"夫妇"ですが、日本語では「夫妻」のほうが「夫婦」より改まった丁寧な表現になります。『日本語語感の辞典』p918 を参照ください。

"谈得没完没了"：「いつまでも話し合える」「話し出すときりがない」など。

　原文の第一段落だけで、"他"が 5 回も出てきますが、参考訳文では「氏」を一回使っただけです。①人称代名詞をできる

だけ減らすこと。②「彼」は対等の語感ですが、「氏」には尊敬の語感があります。

　タイトルを「元大使」とした方が何人かいます。決して間違いではないのですが、日本では、大使を務めたことのある人に話しかける際、名前でも先生でもなく「大使」と呼ぶのが一般的で、私もそう呼んでいます。
　日本の大使が赴任する時、自分で選んだコックを帯同するのが一般的です。

　トランプ・米国大統領の就任演説を、各紙がそれぞれ和訳して掲載しました。池上彰氏がそれらを比較対照した記事が、1月17日の朝日新聞に掲載されたので、コピーをお送りします。訳者に必要な教養と心遣いについて、参考になると思います。

課題文

中华人民共和国人口与计划生育法

第一条　为了实现人口与经济、社会、资源、环境的协调发展，推行计划生育，维护公民的合法权益，促进家庭幸福、民族繁荣与社会进步，根据宪法，制定本法。

第二条　我国是人口众多的国家，实行计划生育是国家的基本国策。

国家采取综合措施，控制人口数量，提高人口素质。

第十七条　公民有生育的权利，也有依法实行计划生育的义务，夫妻双方在实行计划生育中负有共同的责任。

第十八条　国家提倡一对夫妻生育两个子女。

符合法律、法规规定条件的，可以要求安排再生育子女。具体办法由省、自治区、直辖市人民代表大会或者其常务委员会规定。

第二十二条　禁止歧视、虐待生育女婴的妇女和不育的妇女。

禁止歧视、虐待、遗弃女婴。

第三十五条　严禁利用超声技术和其他技术手段进行非医学需要的胎儿性别鉴定。

〔出所〕《人民日報》（2015年12月30日）

［注］①この法律は、昨年末の全人代常務委員会で改正されました。主
　　　な改正個所は、第18条の、"提倡一对夫妻生育一个子女"が
　　　"两个子女"に、"可以要求安排生育第二个子女"が"再生育子
　　　女"に、それぞれ変更された点です。
　　②"生育"は「出産」の意味で、「育てる」意味はありません。

【参考訳文】

中華人民共和国人口および計画出産法

第一条　人口と経済、社会、資源、環境の調和のとれた発展を
　　　　実現し、計画出産を推進し、国民の合法的権益を保護
　　　　し、家庭の幸福、民族の繁栄、社会の進歩を促進する
　　　　ため、憲法に基づき本法を制定する。

第二条　人口の多いわが国にとり、計画出産を実施することは
　　　　基本的国策である。
　　　　国は総合的措置を講じて人口を抑制し、その資質を向
　　　　上させる。

第十七条　国民は、出産の権利を有するとともに、法により計
　　　　　画出産を実施する義務も負う。夫婦双方は計画出産の
　　　　　実施について共同の責任を負う。

第十八条　国は、一組の夫婦が二人の子どもを出産することを
　　　　　推奨する。
　　　　　法律および法規が定める条件に適合する場合、さらに

　　　　出産することを申請できる。その具体的規則は、省・
　　　　自治区・直轄市の人民代表大会またはその常務委員会
　　　　が定める。
第二十二条　女児を出産した女性ならびに出産経験のない女性
　　　　を差別、虐待することを禁止する。
　　　　女児を差別、虐待、遺棄することを禁止する。
第三十五条　超音波技術または他の技術的手段により医学的必
　　　　要性のない胎児性別判定をおこなうことを厳禁する。

 ━━━━━━━━━━━━━━━━━━━━【講評】

"为了"はどこまで係っているか

"为了"は"进步"まで係っています。

"国家"：日本国憲法では、すべて「国」となっています。

"公民"：《现代汉语词典》には"在我国，公民与国民含义相同"
　とあります。

"安排"：「手配する」ことですが、ここは略して良いでしょう。

"再生育子女"：「二人目」とした方が数人いますが、二人産ん
　だ後のこと、つまり「三人目以降」のことです。

"不育"：「出産できない」とした方が数人いますが、自分の意
　志で子どもをつくらない人も含まれます。

"严禁"：ふつうの「禁止」ではなく「厳禁」ですが、見落とし
　た方が大勢いました。

"鑑定"：日本語の「鑑定」は真偽や良否を見定めることで、「見分ける」ことは「判定」と言います。

　訳文に「計画出産（家族計画）」とした方が数人いますが、両者は似て非なるものです。日本などの「家族計画」とは、夫婦が自分の意志で、子どもの数や出産の間隔を計画的に調節することですが、中国の計画出産は国が「基本的国策」として子どもの数を定め、権力を行使して厳しく管理監督することです。

　これに関連して、思い出すことが二点あります。

① 1995年に北京で世界女性会議が開かれたとき、ヒラリー・クリントン女史が出席して「中国は女性の産む権利を何と心得ているのか」と非難しました。これを聞いた中国の幹部は、「もし中国が計画出産政策をやめたら、クリントンは『中国は世界の食糧事情を何と心得ているのか』と言うだろう。どちらにせよ、人口断トツの中国には風当たりが強い」と苦笑していました。

② 馬寅初という経済学者が1950年代に、建国後に中国の人口が急増していることに気づき、全人代会議で抑制策を訴えたところ、毛沢東の逆鱗にふれ、北京大学学長を解任されて軟禁状態におかれましたが、批判に屈することなく、文革終結後に名誉回復し、北京大学名誉学長として、100歳の天寿を全うしました。「一人への間違った批判により、数億人が余計に生まれた」と評されたものです。もしあの時、彼の提案を受け入れていたら、1980年以来つづく厳しい「計画出産政策」はなかったかも知れません。

介绍本公司的福利待遇规定

　　我是本公司人事部经理李明。首先欢迎各位来到我们公司参加面试并且即将成为我们公司的新员工。我想，关于员工的福利待遇问题是大家都非常关心的，那么，下面我就来介绍一下本公司在这方面的规定。

　　员工通过面试正式录用以后，有3个月的试用期。试用期满，员工和我们公司签订正式的工作合同以后，公司为员工办理国家劳动法规定的五种保险。另外，每年年底还为员工进行一次体检。平时加班有加班补贴，节假日加班领取双倍补贴。员工每年享有10天的带薪休假。基本情况就是这样，大家还有什么疑问吗？

应聘者：请问，手机话费和交通费，公司给不给报销？

李　明：关于这个问题，本公司有明确的规定，如果岗位需要的话，手机话费每月可以报销100元，打的费或者汽油费每月的报销额度是500元。

〔出所〕《新丝路》（北京大学出版社、2009年）

［注］①"五种保险"には、"基本养老保险、基本医疗保险、工伤保险、
　　　　失业保险、人身意外保险"が含まれます。
　　　②"打的费"の"的"は「di一声」です。
　　　③女性の人事部長が社内規定を縷々説明する口調で、訳してくだ
　　　　さい。

【参考訳文】

当社の福利厚生規定の紹介

　当社人事部長の李明と申します。まず皆さんがわが社の面接
試験に参加され間もなく新社員になられることを歓迎します。
社員の福利厚生に関する規定は、皆さんもたいへん関心をもっ
ていると思いますので、関連規定について、私からご紹介いた
します。

　社員が面接をへて正式に採用された後、３カ月の試用期間が
あります。その後、社員とわが社が正式の労働契約を結んでか
ら、会社は国の労働法が定める５種類の保険に、当該社員が加
入する手続きを進めます。この外、毎年年末に健康診査をおこ
ないます。ふだんの残業には残業手当があり、休日および祝日
に出勤した場合は２倍の手当が支給されます。社員には毎年10
日間の有給休暇があります。概略は以上ですが、何かご質問が
あればどうぞ。

応募者の一人　携帯電話の通話料と交通費のあつかいは、どうなっていますか。

李明　これについては明確な規定があります。業務上必要と認められた場合、携帯電話の通話料として毎月100元支給しますし、タクシー代またはガソリン代は毎月500元を上限として実費精算します。

 ────────────────【講評】

"経理" いろいろ

"**福利待遇**"：日本の企業では「**福利厚生**」と言うのが一般的で、ほとんどの方がそう訳されました。課題文には残業手当も"福利待遇"に含まれていますが、日本の「福利厚生」は「企業が社員に対し、通常の賃金以外に支給する非金銭的報酬」が主体になっています。

"**経理**"：全社のトップが"総経理"で、各部のトップが"経理"ですから「**部長**」でも良いでしょう。"**項目経理**"は「**プロジェクトマネジャー**」。

"**員工**"：昔はもっぱら"職工"と言いましたが、近年は会社の社員に"員工"が使われています。

"**規定**"：「**規定**」か「**規程**」か悩んだ方がいますが、現在は「規定」に統一されています（「国家公務員倫理規程」のよう

な固有名詞は例外）。

"3个月"：第18期・1講評（その2）の⑧で、「32カ国」を例
　　示しましたが、これは△カ年、△カ月など「期間の経過を表
　　す場合」にも適用されます。念のため、「カ」はカタカナの
　　大文字です。

"工作合同"：これは俗称で、正しくは"労动合同"です。日本
　　の「労働契約」に相当します。

"国家劳动法"：「国家労働法」ではなく、「国の労働法」です。

"五种保险"：現在は養老・医療・失業・出産・労災の5種類に
　　なっています。また出産保険は2020年までに医療保険に統
　　合されることになっています。ちなみに、養老・医療・失業
　　保険の保険料は企業と本人がそれぞれ負担し、労災保険の保
　　険料は企業が全額負担しています。

"体检"：戦前は日本でも「身体検査」と言いましたが、「警官
　　による所持品取り調べ」が連想されるせいか、今はもっぱら
　　「健康診断（診査)」が使われています。

"节假日"：単に「休日」とした方が大半でしたが、中国語の辞
　　書には"节日和假日的合称"とあります。

"双倍"：2倍のことですが、数人の方が指摘されたとおり、課
　　題文が「休日も祝日も2倍」としているのは間違いでして、
　　正しくは、平日の残業は賃金の150％、土曜日曜の出勤は
　　200％、法定祝日の出勤は300％が支給されます（基準にな
　　る［賃金］の計算方式もこまかく規定されています）

"报销"：出張費などを精算することで、実費精算は"实报实销"
　　と言います。建国初期に中国の政府機関で働いた私にとって

は、懐かしい用語です。

"打的費"：タクシー代。

"汽油費"：マイカーを使った場合のガソリン代。

"額度"："規定的数額"つまり「**枠**」「**最高限度額**」を指します。

　李明部長が質問に答えた「100元支給」と「500元支給」は、どちらも支給限度額なのか、それとも区別があるのか。大半の方は前者と理解されていますが、私は区別があると理解しています。その理由は、前者は**"如果崗位需要的話……可以報銷"**ですから、「**業務上必要と認められれば、毎月定額100元が支給される**」わけで、100元は後者のような「限度額」ではないと解釈されるからです。また、携帯の通話料は公用と私用の区別が付けられませんが、タクシー代はその区別ができますし、ガソリン代は行き先が明確になればほぼ算出できるからでもあります。さらに、前段と後段は文章が切れており、両者を同じ概念でしばることはできません。如何でしょうか。

伟人佳话续友好

1913年8月，刚从美国威斯里安女子学院毕业的宋庆龄，回国途中到日本探望正在陪同孙中山流亡的父母。翌年9月，宋庆龄接替要结婚的姐姐担任孙中山的英文秘书。然而，令父母意想不到的是，宋庆龄爱上了孙中山。

尽管遭到父母激烈反对，在多方协助下，1915年10月25日，孙中山和宋庆龄在东京举行了婚礼。2015年是这两位世纪伟人结婚100周年，中国宋庆龄基金会在东京中国文化中心举办了"孙中山、宋庆龄和日本"图片展。

当年曾坚定支持孙中山革命活动的宫崎滔天的孙女宫崎蕗苳携全家来参加纪念活动。同样曾大力帮助孙中山的梅屋庄吉的曾外孙女小坂文乃也兴高采烈地来了。

此次图片展共收入200多幅历史图片，全面回顾了他们为中国革命奋斗的历史，追溯了他们与日本友人交往的历程。其中，孙中山16次赴日本的经历、宋庆龄为推动和平事业所做的贡献和他们的传奇婚姻等，都是展览的亮点。

〔出所〕《人民日報》（2015年12月27日）

〔注〕①「東京中国文化センター」は、神谷町に近い37森ビル1階にあります。多彩なイベント情報は、北京で発行されている日本語月刊誌『人民中国』に毎月掲載されています（電話03-6402-8168）。

②宮崎蕗苳（ふき）さんは1925年生まれ。宮崎龍介（滔天の長男）と柳原白蓮の息女で、「滔天会」の世話人代表を務めておられ、段躍中さんとも親交があります。

③小坂文乃さんについては、自著『革命をプロデュースした日本人〜評伝 梅屋庄吉』（講談社、2009年刊）を一読されるようお勧めします。なお同書には、孫中山と宋慶齢が1915年10月25日に「結婚誓約書」を東京の役所に提出し、11月10日に梅屋庄吉邸で披露宴が執り行われた、とあります。

【参考訳文】

友情をつなぐ偉人の美談

　1913年8月、アメリカのウェスレアン大学を卒業したばかりの宋慶齢は、帰国の途中日本に立ち寄り、孫文に従い亡命していた両親を訪ねた。翌年9月には、結婚する姉の後を引き継ぎ孫文の英語秘書を務めたが、宋慶齢が孫文と恋におちるとは、両親にとり青天の霹靂だった。

　両親は猛反対したけれども、いろいろな人たちの協力を得て、孫文と宋慶齢は1915年10月25日、東京で結婚式を挙げた。世紀の偉人カップルの結婚100周年にあたる2015年、中国宋慶齢基金会は東京の中国文化センターで、「孫中山・宋慶齢と日本」と題する写真展を開催した。

　かつて孫文の革命活動を断固支持した宮崎滔天の孫の宮崎蕗苳さんは、一家で記念行事に参加した。同様に孫文を力強く支援した梅屋庄吉のひ孫にあたる小坂文乃さんも喜び勇んで駆けつけた。

　この写真展は、200余点にのぼる歴史的な写真をそろえて、中国革命のため奮闘した2人の歴史をくわしく振り返り、2人と日本の友人たちの交流の様子を顧みた。中でも、孫文が16回にわたり日本へ赴いた経緯と、宋慶齢の平和事業への貢献、そして2人の逸話に富む結婚などが、この写真展のハイライトになった。

────────────────────────【講評】

人には必ず敬称を

　「小坂文乃さんの著書を読んだところ、初めて知る多くの史実に驚き、感動しました」などの感想が寄せられました。

　タイトル。「偉人の交流が紡ぐ中日の絆」「偉人から受け継ぐ友好の絆」などがありました。日本語の文章のタイトルは「体言止め」が一般的ですから、「友好をつないでいく」「友好関係がある」などには違和感があります。

“威斯里安女子学院”：「ウェスリアン」「ウェスレアン」など、表記は統一されていないようです。ただ、「ウェスリー」は

　別の大学です。「**女学院**」は正式名称ではありません。

"**探望**"：「**見舞う**」とした方が数人いますが、病人ではありません。

"**父母**"：「**父母**」ではなく、ふつう「**両親**」と言うでしょう。

"**陪同流亡**"：「**〜に従って亡命中**」「**〜の亡命に随行**」など。

"**孫中山**"：字（あざな）や号がいろいろありますが、中国では「**孫中山**」と呼ばれています。出身地は今"中山市"となり、広州に"中山大学"があり、各地に"中山路"があり、日本で「人民服」と呼ばれる服装は"中山装"です。この訳文は、日本でふだん呼ばれている「**孫文**」で良いでしょう。「中国でも台湾でも『国父』と呼ばれている」と注記した方がいますが、中国大陸では「国父」ではなく"伟大的革命先行者"と呼ばれます。ちなみに、中国では国慶節になると、天安門広場の毛沢東の肖像画と向かい合うように、孫文の巨大な肖像画が立てられます（文化大革命の最中も同様でした）。

"**意想不到**"：「**思いもよらない**」「**想定外**」「**露知らず**」など。

　人名の敬称について。第十四期の課題文に関連して説明したことがありますが、再掲します。「共同通信の『記者ハンドブック』には、『敬称を付けない場合』として、①スポーツ選手と芸能人。②歴史上の人物（没後30年をめどとする）などが例示されています。」言い換えるなら、これ以外の人にはすべて何らかの敬称を付けなければならないわけで、呼び捨てはたいへん失礼なことであり、ご法度なのです。中国では総理でも呼び捨てが一般的ですが、日本では凶悪犯でも逮捕されたら

「○○容疑者」、起訴されたら「○○被告人」、死刑が確定した後でさえ「○○死刑囚」などと付けます。くれぐれもご注意ください。

"**孙女，曾外孙女**"：中国では親族の呼称が厳格・明確に定められていますが、日本はおおらかですし、名前を見れば男か女か分かりますから、参考訳文の表現で良いでしょう。

"**纪念活动**"：日本も昔は「紀念」と書きましたが、今は「記念」に統一されています。また、ここの"**活动**"は「活動」よりも「行事」のほうが日本語らしくなります。

"**200多幅**"：写真を作品としてあつかう場合は「点」で数えます（小学館『数え方の辞典』）。

"**他们**"：私はかねがね「原文の漢字に引きずられる」ことを、「中文和訳の宿命的な悪いクセの一つ」と指摘してきましたが、この"**他们**"もその好例です。ここは不特定多数ではありませんから、「二人」が適訳になります。人称代名詞、特に「彼」「彼女」という三人称は、できるだけ訳文で使わないようにしたいものです。

"**和平**"：日本語では、戦争をやめて平和になることが「和平」で、戦争のない穏やかな状態が「平和」です。

"**亮点**"：「目玉」「見どころ」「注目の的」「スポットライトを浴びる」など。

村上春樹再次推出長篇小説

日本著名作家村上春樹時隔七年之久再次推出長篇小説《刺殺騎士團長》，為諸多期待已久的村上粉絲注入興奮劑，也給嚴寒中的日本圖書出版市場帶来了一股「春風」。

日本各大書店也在《刺殺騎士團長》首發的二月二十四日，舉行零點倒計時開售儀式，吸引了衆多「村上迷」徹夜排隊等候。

日本人的創作方式與歐美不太一樣，多搞報刊連載，缺少十年磨一劍的作品。但村上不搞連載，因此也是日本現代文學潮流中特立獨行的存在。

村上春樹一直被冠以日本「離諾貝爾文學獎最近的人」。

有位評論家説，村上小説在具有大學文憑的女性當中有人氣，她们不像女高中生那麼飄忽不定。村上小説經久不衰，與其説是文學現象，不如説是一個社會現象。

〔出所〕香港《亞洲週刊》（2017年3月12日）

［注］今回は、ある受講者の方の提案を受け、香港や台湾で使われている「繁體字」の課題文にしました。香港や台湾から翻訳依頼を受けたつもりで、取り組んでみてください。

村上春樹氏が久々に長編小説

　日本の有名な作家である村上春樹氏の長編小説『騎士団長殺し』が刊行された。7年ぶりのことなので、待ちかねていた春樹ファンを興奮させるとともに、氷河期にある日本の出版市場にも「春風」をもたらした。

　日本の大書店も、同書が発売される2月24日午前零時にそれぞれカウントダウンのイベントをおこない、多くのハルキストが徹夜で行列した。

　日本の作家の創作方式は、欧米作家と少し異なっていて、まず新聞雑誌で連載する人が多く、じっくり時間をかけて練り上げた大作は少ない。だが村上氏は連載をしないので、日本の現代文壇では特異な存在感を示している。

　村上氏は日本でずっと「ノーベル文学賞の最有力候補の作家」と目されている。

　ある評論家は次のように言う。村上文学は大学を出た女性たちに人気がある。高学歴の大人の女性は、女子高生のように気まぐれではない。氏の小説が長年来人気を保ちつづけているのは、もはや文学現象というよりも、社会現象というほうが適切である。

"粉絲" と "迷"

　　初めての繁體字文章に戸惑う方が大勢出るかと思っていましたが、「辞書を引くのに苦労しました」という方が数人おられたほかは、皆さんスイスイと訳されたようでした。

　　タイトル。「村上春樹が待望の長編小説を刊行」などがありました。「村上春樹 新刊長編小説」だけでは原文の意図が抜けています。

"時隔七年之久"：「7年の沈黙を破って」「7年の時をへて」など。

"期待已久"：「待ち焦がれる」は良いのですが、「待ちわびる」には「心配しながら・いらいらしながら待つ」という意味もあるので、ここでは適切とは言えないでしょう。

"村上粉絲"：こちらは「村上ファン」でしょうか。

"村上迷"：これは「ハルキスト」ですね。

"十年磨一劍"：「じっくり時間をかける」意味であり、「10年」にこだわる必要はありません。もともとは唐・賈島の「剣客」という詩にありますが、日本では頼山陽の「鞭声粛々…」で人口に膾炙していますね。どちらもネットで全文が読めます。

"特立獨行"：「独立独歩」「わが道を行く」「孤高の存在」「異端児」など。

"具有大學文憑的女性"："文憑"は卒業証書ですから、在学中

　ではありません。

"飄忽不定"：「浮つく」「飽きっぽく気まぐれ」「一過性の熱狂」
　　など。

"經久不衰"：「長年にわたる不動の人気」「息が長い」など。

　「村上春樹に敬称を付けるか、付けないか」。報道機関の基準
に照らせば「付けるべき」となりますが、実際には、著名な作
家や作品についての評論などでは「付けない」ケースも多く見
られます。ちなみに、皆さんの訳文では「付けた」方が6割、
「付けなかった」方が4割でした。

西方"辣妈"是怎样做到的

中国妈妈们常常讨论并且困惑的一个问题是为什么外国"辣妈"一个人养几个孩子还意气风发，而中国的妈妈加爸爸和老人，几个人养一个孩子，却还手忙脚乱？

我仔细观察了身边的英国妈妈们。友人安，单亲妈妈，在一家跨国公司工作，不但每天上班，还不时坐飞机出差。而她的3个从9岁到13岁的孩子，非但没有一般中国人想象的"单亲家庭"的"辛酸"，反而个个开朗，学习也不错。安如果有空余时间，她还跟我们单身女友一起开派对，完全不像三子之母和"离异妇女"。

她是怎样做到这些的呢？观察下来，我的体会是，西方家庭中，孩子并不是当然的"家庭中心"，而是和大人一样的家庭一员。西方孩子不会像中国孩子那样，想当然地认为"父母的时间和钱都是我的"。西方孩子对长辈没有过多的期望值，因而对得到的宠爱更加感恩。

〔出所〕《瞭望东方周刊》（2015年20期）

〔注〕①本文の作者はロンドン在住の"林风"という女性です。

②“林风”の友人である“安”のスペルは「ann」です。
③“派对”は香港や台湾から大陸に入った言葉で、「party」のことです。
④“辣妈”は、文章全体のイメージから、適切な訳語を工夫してください。

【参考訳例１】

スパイシーマルチママ

　中国のママたちが話題にし、困惑している問題がひとつあります。外国のスパイシーマルチママは、一人で子供を何人も育てながらなお意気盛んなのに、中国では一人の子供を育てるために、ママ、パパ、祖父母と数人がかりでてんてこ舞いです。どうしてなのでしょうか。

　私は、周りにいる英国のママたちをよく観察してみました。友人のアンは、シングルマザーで、多国籍企業に勤務しています。毎日出勤するだけではなく、時には飛行機に乗って出張にも行きます。彼女には9歳から13歳までの子供が三人いますが、中国人が一般的に想像する“一人親家庭のつらさ”を子供たちから少しも感じられないのです。それどころか、子供たちはみんな明朗快活で、学校の成績も申し分ありません。もし時間に空きがあれば、アンは私たち独身の女友達と一緒にパーティーもします。彼女が三人の子持ちで離婚経験者だとは、全く思えないのです。

　どうしたら、彼女のようにできるのでしょうか。観察してい
てわかったことですが、欧米の家庭では、家庭の中心は子供で
はないことが当たり前で、子供は大人と同様に家庭を構成する
メンバーのひとりなのです。中国の子供は“両親の時間とお金
はすべて子供のものだ”と当然のように思っていますが、欧米
の子供はそうは思っていません。欧米の子供は、年長者に過度
な期待を抱いておらず、それゆえ可愛がってもらうと、さらに
深い恩恵を感じるのです。

注：原文は“辣妈”。結婚し子供を産んだ後も外見の装いや、スタイルに気を配
るだけでなく、自分と子供の個性や生活を大切にしながら、情熱を失わず自分の
可能性を追求するママ。人生にスパイスをきかせて積極的に生きるマルチなママ
という意味を込めて、この訳語を当てた。

【参考訳例２】

欧米の「ハンサムママ」たち

　中国人の母親たちがたびたび話題にしながらも、いまだ答え
が見つからない謎がある。それは、外国の「ハンサムママ」は、
一人で何人もの子どもの面倒をみているにもかかわらず、生き
生きと輝いているのはなぜだろうという疑問である。かたや中
国の母親たちは、夫や祖父母の手を借り、数人がかりで一人の
子どもの面倒を見ているのに、みなが振り回されている。
　私は周りにいるイギリス人の母親たちをつぶさに観察してみ
た。友人のアンは、シングルマザーで多国籍企業に勤めている。

毎日出勤することはもちろん、たびたび飛行機での出張をこなす。一番下が9歳、一番上が13歳になる3人の子どもたちは、普通の中国人がイメージするような片親家庭の悲壮感など感じられず、むしろどの子も快活で成績も優秀である。アンは時間があるときは、私たち独身女性と一緒にパーティーを開くことさえある。そこには、3人の子どもを抱えた離婚経験者という暗いイメージはない。

　彼女はどのようにして、それらをこなしているのだろう。見ていて気づいたのだが、欧米の家庭では、子どもは決して、家庭の中心的存在ではなく、大人と同じように家庭のメンバーなのである。欧米の子どもは、中国の子どものように、「親の時間と金は全部自分のため使って当然」とは考えていない。欧米の子どもたちは、周囲の大人に過度な期待をしていないので、大人たちからよくしてもらえると、いっそうありがたさを感じるのである。

【参考訳例3】

欧米の「バリバリ系ママ」に学ぶこと

　中国のママたちには、どうしてもわからずいつも議論になることがある。外国のママたちはどうして、1人で何人もの子供の面倒を見られるのか、しかも自分自身も生き生きと。自分たちは、といえばパパとおじいちゃんおばあちゃんまで加わって

いるのに、1人の子供に振り回されてんてこ舞いなのだ。

　そこで、周りにいるイギリス人のママたちをよくよく観察してみることにした。友人のアンは、多国籍企業で働くシングルマザー、9歳から13歳までの3人の子持ちである。毎日の仕事の外に、度々海外への出張もこなす。普通の中国人が想像するような「母子家庭」の「辛さ、みじめさ」を感じさせないばかりか、子供たちもそれぞれに明るく勉強もよくできる。そして、時間ができると私達独身の女友達とパーティーを開く。3人の子を持つ「離婚歴のある女性」のイメージは全くない。

　どうしてこんなことができるのか。観察してみて私が感じたことは、欧米の家庭では、子供は「家庭の中心」ではなく、大人と同じ家族の一員に過ぎないということだ。中国の子供にとっては当たり前の「両親の時間と金は自分のもの」という感覚は、欧米の子供にはない。そして、周りの大人に対してあまり多くを望まない。だからこそ、注がれた愛情は更に深く心に刻み込まれるのだ。

──────────────────────────────【講評】

"西方，东方"

"辣妈"：「肝っ玉母さん」「溌剌ママ」「スーパーママ」「パワフルママ」「やり手のお母さん」「クールなママ」「バリバリ系ママ」「エネルギッシュママ」「キラキラしたママ」「ホット

マム」などがありました。

"意気风发"：「はつらつ」「元気いっぱい」「生き生きしている」「颯爽」など。

"手忙脚乱"：「てんてこ舞い」「てんやわんや」「振り回される」「ばたばたしている」など。

"跨国公司"：これは国連の定義に基づく「多国籍企業」の定訳です。「グローバル企業」とした方が何人もいますが、「グローバル企業」にはまだ明確な定義ができていない上、「これは多国籍企業の一部を指す」との解説もあるので、本文はやはり「多国籍企業」を採用することにします。

"岁"：「才」とした方が何人もいますが、「歳」の略字として使うのは間違いです。

"单亲家庭"：「母子家庭」「片親家庭」など。

"辛酸"：「つらさ」「悲壮感」「悲哀」など。

"派对"：新聞表記は「パーティ」ではなく「パーティー」です。

"离异妇女"：「離婚歴のある女性」。「バツイチ」とした方が何人もいますが、この文章の後半を読むと、Annは新しい"男朋友"を子どもたちに紹介しているぐらいですから、「バツニ」かも知れませんよ。

"西方"：第二次大戦後、世界が社会主義陣営と資本主義陣営に分かれたとき、日本語では「東側、西側」、中国語では"东方，西方"と呼ばれました。いま"东方"は雲散霧消しましたが、"西方"という単語は、今でも狭義では「欧米」「西洋」、広義では日本なども含めた「西側」の意味で使われています。ですから「西欧」「欧州」とは違うわけです。

"长辈"：ご承知のとおり中国では、家族や親族の「世代の違い」がたいへん重視されます。"长辈"は一世代または数世代上の人たちを指す言葉であり、単に年齢の違いを指す「**年長者**」や「**目上の人**」ではありません。

"期望值"：「期待」「期待値」など。

"感恩"：「感謝」「ありがたみ」など。ちなみに米国などのThanksgiving Dayの中国語訳は"感恩节"です。

　ある方が、**"辣妈"**に関する"百度百科"の下記の記述を紹介してくれました。

　"女性在成家生孩子等一系列人生大事发生之后，仍然调整心态、成熟思考、有序打理生活、细心照顾儿女、勇敢追求人生梦想的积极向上的心态和形象。"

　"辣妈"を題材にしたテレビの連ドラや舞台劇が、数年前に放送・上演されてもいます。

　今回は、私の参考訳文ではなく、皆さんの訳文から3編を選んで「参考訳例」とします。

周恩来写给沈粹缜女士的信

粹缜先生：

在抗战胜利的欢呼声中，想起毕生为民族的自由解放而奋斗的韬奋先生已不能和我们同享欢喜，我们不能不感到无限的痛苦。您所感到的痛苦自然是更加深切的了。

我们知道，韬奋先生生前尽瘁国事，不治生产，由于您的协助和鼓励，才使他能无所顾忌地为他的事业而努力。现在，他一生的光辉努力已经开始获得报偿了。

在他的笔底，培育了中国人民的觉悟和团结，促成了现在中国人民的胜利。中国人民一定要继续努力，为实现韬奋先生全心向往的和平、团结、民主的新中国而奋斗不懈。韬奋先生的功业在中国人民心中永垂不朽，他的名字将永远是引导中国人民前进的旗帜。想到这里，您，最亲切地了解韬奋先生的人，一定会在苦痛中感到安慰的吧！

您的孩子——嘉骝，在延安过得很好，他的品格和勤学，都使他能无负于他的父亲，这也一定是可以使您欣慰的事吧！

> 　謹向您衷心地慰问，并祝您和您的孩子们健康！
>
> 　　　　　　　　　　　　　　　　　　　周恩来

〔出所〕ネットより

［注］①著名なジャーナリスト鄒韜奮（〜1944）は抗日戦争期に、重慶
　　　で蒋介石の独裁政治反対の健筆を振るう中で、周恩来と深い友
　　　情を結びました。沈粋縝は鄒韜奮の夫人です。
　　②次男の鄒嘉驪（成人後は鄒競蒙）は延安の自然科学院で学んだ後、
　　　気象を専攻し、国家気象局長を務め、世界気象機関（WMO）総
　　　裁にも就任しました。私は彼が来日した際に食事を共にしまし
　　　たが、明朗闊達な人柄が印象に残っています。
　　③この手紙は、1945 年 9 月に書かれたものです。文中にある "不
　　　治生产" とは、生計を立てることに携わらない、といった意味
　　　です。

―――――――――――――――――――――――――――【参考訳文】

沈粋縝女史に宛てた周恩来の手紙

粋縝さま

　抗日戦争勝利の歓呼がとどろく中、民族の自由と解放のため身をささげた韜奮氏が私たちとともにこの日を祝えないことに思いをいたすと、深い悲しみを覚えずにいられません。もちろん、あなたの辛い思いはさらに痛切でありましょう。

　韜奮氏が生前、生計を顧みることなく活動に専念できたのは、あなたの協力と励ましがあったからこそであることを、私たちは承知しています。今や韜奮氏が生涯をかけた輝かしい努力は報われつつあります。

　韜奮氏の文筆活動は、中国人民の自覚と団結を育てて、今日の勝利へ導きました。中国人民は引き続き努力し、氏が願ってやまなかった平和、団結、民主の新中国実現のため闘いつづけねばなりません。韜奮氏の不滅の功績は私たちの心に生きつづけ、その名は中国人民を導き進む旗印でありつづけます。そう思うとき、氏の最大の理解者であるあなたも、苦痛をともないつつきっと慰められることでしょう。

　ご子息の嘉騮君は、延安で元気に育っていますし、その人柄と勤勉さは父親譲りといえます。どうかご安心ください。

　心からのご挨拶とともに、あなたとお子様たちのご健康をお祈りいたします。

周恩来 拝

 ────────────────────────────── 【講評】

"沈" と "瀋"

「平易で飾らないことばで綴られていて、じーんとしました」「政治用語の翻訳は初めてでした」「『中国人民』が5回も出てくるので、すべて訳すかどうか迷いました」などの感想が寄せられました。

　タイトル。「沈女史を気遣う周氏の手紙」と言う、内容に即した訳もありました。

　周恩来に「元首相」「総理」などの肩書を付けた方が何人も

いますが、課題文の注③に書いたとおり、この手紙が書かれたのは1945年で、中華人民共和国はまだ建国していませんから、このような肩書は付けられません。

　「沈」を「瀋」と書いた方がいますが、日本語の漢字に直すと、地名は「瀋」ですが、姓は「沈」のままです（「シン」と読みます）。

"抗战"：「日中戦争」は日本流の言い方で、訳文は中国の公式用語を使うべきです。

"同享欢喜"：「ともに喜び祝う」「喜びを分かち合う」など。

"不治生产"：「生活を投げうって」「活計を顧みず」など。

"开始获得报偿"：「努力が報われはじめた」「花を咲かせはじめた」など。

"笔底"：「ペンの力」「文才」「言論活動」など。

"全心向往"：「心血を注いだ」「全力を傾けた」など。

"嘉骝"は1929年生まれで、この手紙が書かれたときは16歳ですから、「氏」ではなく「君」と呼ぶほうが良いでしょう。

"过得很好"：「しっかりやっています」「元気で頑張っています」など。

"勤学"：「学業にいそしむ」「勉学熱心」など。

"无负于父亲"：「父上に恥じない」「父親ゆずり」など。

"慰问"：「お見舞い」など。「お悔み」とした方が何人もいますが、鄒韜奮が死去したのはこの手紙が書かれた一年前で、中国共産党中央委員会の名義で弔電が遺族宛てに送られていますし、周恩来も当然、その前後に「お悔み」を伝えているで

しょうから、一年後にもう一度「お悔み」を述べることはしないでしょう。

"孩子们"：鄒・沈夫妻には、長男の鄒嘉騨（のち家華、国務院副総理）、次男の嘉騮（のち競蒙）、長女の嘉驪（のち中国韜奮基金会秘書長）の三人の子女がいましたので、「ご子息」だけではありません。沈粹縝女史は宋慶齢の助手として中国福利会秘書長を務めました。

課題文

冬

　　去年冬天是特别的冷，也显得特别的长。每天夜里，灯下孤坐，听着扑窗怒号的朔风，小楼震动，觉得身上心里，都没有一丝暖气，一冬来，一切的快乐，活泼，力量，生命，似乎都冻得蜷伏在每一个细胞的深处。我无聊地慰安自己说："等着吧，冬天来了，春天还能很远吗？"

　　然而这狂风，大雪，冬天的行列，排得意外的长，似乎没有完尽的时候。有一天看见湖上的冰软了，我的心顿然欢喜，说："春天来了！"当天夜里，北风又卷起漫天的黄沙，怂怒的扑着我的窗户，把我心中的春意，又吹得四散。有一天看见柳梢嫩黄了，那天的下午，又不住的下着不成雪的冷雨，黄昏时节，严冬的衣服，又披上了身。

　　我们记得小的时候，北京的冬天长得很，夜中蜷缩在被窝里，总听见呜呜的北风，窗纸像鬼叫一样，整夜地在呼啸。早起挟着书包，冒着风低头向前走，土道当中被车轮碾过的雪，压成一条一条小沟似的烂泥，不小心一脚踩下去，连小棉鞋都陷在泥里，拔不出来！

〔出所〕《中国语言大师锦句录 冰心卷》（文汇出版社，1993年）

［注］①謝氷心の作品の一節を集めた本からとりました。

②「得」と「的」の違いなど、今の使い方と異なる書き方も散見されますが、原文を尊重しています。

【参考訳例１】

冬

　去年の冬はとりわけ寒く、特別に長いと感じもしました。来る夜も来る夜も、窓を叩き小さな家を揺する怒号のような北風の音を独り灯の下で聞いていますと、身心ともにわずかな温もりさえなくなるのです。冬になると、喜び、生気、力、生命の一切はまるで一つ一つの細胞の奥深くに蹲り凍り付いたかのようになります。私は所在なく自らをいたわり、「待ちましょう。『冬来たりなば春遠からじ』ですもの」と言うのです。

　そして、吹き荒れる風と大雪、思いのほか長く続く冬のオンパレードが終わりそうもないと感ぜられるある日のこと、湖の氷が緩んでいるのが目に入るのです。思いがけない喜びです。私は心の中で、「春が来た」と言います。でも、その夜にはまたもや北風が黄色い砂塵を空いっぱいに巻き上げ、怒りに任せて私の家の窓を叩くのです。私の心の中の春の気配は、方々に吹き飛ばされてしまいます。柳の梢のほのかな黄色に目がとま

る日もありますが、その日の午後にはみぞれ交じりの冷たい雨がとめどなく降り、たそがれ時になると再び真冬の衣服を羽織ることになるのです。

　幼いころの記憶にある北京の冬はとても長く、夜に布団の中で縮こまると、いつも聞こえてくるのは唸るような北風の音です。窓の障子が一晩中立てる長く鋭い音は、まるで亡霊が叫んでいるようでした。早朝、鞄を小脇に抱え、頭を下げ向かい風の中を前へ進むのです。舗装などされていない道の真ん中は車輪で雪が押しつぶされ、何本ものぬかるんだ細い溝ようになっていて、うっかり足を踏み込んだりすると、小さな冬靴は泥にすっかり嵌りこんで抜くことさえできなくなるのです。

───────────────────────────────【参考訳例２】

冬

　去年の冬はまれにみる寒さで、またとりわけ長かった。毎晩、灯りの下で椅子に座り、窓に突き付ける北風の音や、家ががたがたと震える音を聞いていると、身も心も冷え込んでくる。冬になると、はじけるような楽しさや生き生きとみなぎるエネルギーがすべて体の奥底に潜り込んでしまうみたいだ。私は、力なく「しのごう。冬来たりなば、春遠からじだ」と自分に言い聞かせる。

　しかし、北風が吹きすさび、大雪が降り、冬はまだまだ衰え
を見せない。このまま永遠に続くのか、と思ったある日、湖の
氷が緩んでいるのに気づき、うれしさがこみあげてきた。「春
が来た」。その晩、北風がまた空一面に黄砂を巻き上げ、窓に
吹きつけた。私の心の中に春は再び消し飛んでしまった。また
ある日、柳の枝先が黄色くなっていることに気づいた。しかし
その日の午後はまたみぞれまじりの雨が降り続き、夕方には真
冬の服を羽織っていた。

　子どもの頃、北京の冬は長く、夜は布団の中で縮こまり、吹
きすさぶ北風の音を聞いていたものだ。窓紙は亡霊のように一
晩中音を立てていた。朝、かばんを小脇にかかえ、風の中をう
つむいて歩いた。舗装されていない道に車が通ると、雪は泥と
混ざってどろどろになり、その中に幾筋ものわだちの跡が残っ
た。気をつけて歩かないと足を取られ、運悪く綿入れ靴がぬか
るみにはまってしまうと、もう抜けなかった。

 ───────────────────────【講評】

「車輪」か「轍（わだち）」か

　「北京で冬を過ごした日々を思い出しました」「音読すると、
情景が目に浮かんできました」「課題文の原作の《一日的春光》
《我们这里没有冬天》を楽しく読みました」などの感想が寄せ

られました。「冬来たりなば春遠からじ」は、イギリスの詩人
シェリーの「西風に寄せる歌」の一節「If winter comes, can
spring be far behind ?」に基づくものです。

　タイトル。「冬の思い出」「冬のつれづれ」というのもありま
した。

"（扑窗）怒号"：「ごうごうと吹き荒ぶ」「唸り声をあげる」「荒
　　れ狂う」などがありました。
"快乐"：「喜び」「楽しみ」など。
"活泼"：「活気」「生気」「元気」「はつらつさ」など。
"力量"：「力強さ」「気力」「パワー」など。
"生命"：「生命力」など。
"蜷伏"：「縮こまる」「うずくまる」「潜り込む」など。
"无聊地"：「所在なく」「やるかたなく」「やるせない気持ちで」
　　など。
"等着吧"：「我慢しなければ」「もう少しの辛抱だ」「待つしか
　　ない」「待つのよ」など。
"（冬天的）行列"：「次々とやって来て」「オンパレード」「（冬
　　将軍の）隊列」など。
"（冰）软了"：「ゆるむ」「溶けかける」など。「割れた」「溶け
　　た」ではありません。
"嫩黄了"：「淡い黄色になる」「ほんのりと色づく」「新芽を吹
　　く」「芽吹く」など。
"窗纸"：謝氷心さんが子どものころなら、「窓ガラスのある家」
　　はまだ少なく、窓に油紙を貼った家が多かったと思います。

暖かい地方は桟の内側に貼るのですが、東北の家は雪が桟に
積もらないよう外側に貼ってあり、これは"东北三大怪"の
一つになっていました（後の二つは、娘さんが煙管でたばこ
を吸うことと、赤ん坊を天井の梁から吊り下げた揺りかごに
入れてあやすことで、"窗户纸糊在外""姑娘叼个大烟袋""养
活孩子吊起来"と言いました）。

"鬼叫"：「亡霊の叫び」など。「鬼」ではありません。辞書で確
認してください。

"呼啸"：「なきつづける」「呻り声をげる」「吹き荒れる」など。

"早起"：半数近い方が「早起き」とされましたが、"早起"に
は「朝」の意味もあります。

"（被）车轮（碾过）"：「車輪」で間違いないのですが、「車が通
った道に残した車輪の跡」は、ふつう「轍（わだち）」と言
います。学校で習われたでしょう"南辕北辙"を思い出して
ください。「わだち」とした方は3名にとどまりました。

　今回は私が作る「参考訳文」ではなく、皆さんの訳文から2
編を「参考訳例」としてご紹介することにします。

　武吉塾第十期の課題文《谢冰心描写妇女》を拙著『翻訳必携
実戦編Ⅱ』に収載してありますので、参考にご覧ください。

課題文

附近哪儿有修车的

大　卫　劳驾，附近哪儿有修车的？

过路人　南边那条街上有个修车铺。

大　卫　远吗？

过路人　没多远，到前边丁字路口往右拐，走不了几步
　　　　就到了。

大　卫　多谢了！

（大卫一边看着师傅修车，一边和他聊天儿）

大　卫　师傅，您干这活儿时间不短吧？

师　傅　有三四十年了，年轻时就跟着师傅干，后来岁
　　　　数大了，自己开了个修车铺。

大　卫　您这儿车不少，都是要修的吗？

师　傅　可不是嘛，一天到晚，没有闲的时候。

大　卫　就您一个人干吗？

师　傅　一个人哪干得过来呀？我有俩徒弟，现在他
　　　　们回家吃饭去了。

大　卫　您这么大岁数了，干这种活儿可真不容易呀！

师　傅　谁说不是呢？有时候半夜还有敲门的呢。不

　　　　管他吧，他车坏在半路上了，回不了家。还是
　　　起来给人家修吧，就算做件好事，帮个忙。

〔出所〕《中级汉语口语》（北京大学出版社，2015年第三版）

[注] ①文中にたくさん出てくる「？」と「！」を、まったく使わない
　　　で訳してください。
　　②"大卫"を女性に変えるとか、関西弁の会話にするとか、楽しく
　　　工夫してみてください。お一人で複数の訳文を作っても結構です。
　　③文中の"车"は自転車のことです。

 ────────────────────────────────【参考訳例１】

自転車修理店での会話

マツコ・デラックス　ねえ、ちょっと。この辺で自転車を直し
　　　　てくれるところを探してるの。

通行人　南に行った通りに、チャリの修理屋がありますけど。

マツコ　そこ遠いのかしら。

通行人　そう遠くはないですよ。その先のＴ字路を右に曲がっ
　　　　たらすぐ着きます。

マツコ　ありがとね。

（自転車が修理される様子を眺めつつ、店の主人に話しかける
マツコ）

マツコ　ご主人、この仕事始めて長いんでしょ。

主　人　3、40年になるね。若い時分に師匠の下で作業させても
　　　　らってから、一人前になって、自分の店を開いたんだ。

マツコ　ここにたくさんあるのは、これから直す自転車なのか
　　　　しら。

主　人　そうともさ。朝から晩までひまなしだよ。

マツコ　これをたった1人で修理をしてるのね。

主　人　1人でできるもんかね。若いのが2人いるんだけど、
　　　　ちょうど飯食いに出てるよ。

マツコ　おとうさんもそこそこのお歳で、こういう仕事をする
　　　　にはご苦労も多いんでしょ。

主　人　そりゃあね。あるときなんかは真夜中にお客があって
　　　　さ。そこで俺が寝たふりしてたら、自転車が壊れて立
　　　　ち往生してるそいつは、家に帰れないわけだろ。なら
　　　　ば起きて直しに行ってやろうじゃないかと。人助けと
　　　　思ってさ、修理してやったのよ。

 ————————————————————【参考訳例2】

少年と自転車修理屋さん

少　年　すみません、この近くに自転車の修理をしてくれると
　　　　ころありますか。

通行人　南のあの通りに一軒あるよ。

少　年　遠いですか。

通行人　それほどでもないよ。あそこのＴ字路を右に曲がって
　　　　何歩も歩かないうちに着くよ。
少　年　ありがとう、おじさん。

（少年は自転車の修理を眺めながら自転車屋さんとおしゃべり
をしています）

少　　　年　おじいさんはこの仕事長いの。
修理屋さん　3、40年になるかな。わしも若いころは自転車修
　　　　　　理の親方に弟子入りしてたもんさ。歳をとってか
　　　　　　ら自分で店をやるようになったんじゃ。
少　　　年　おじいさん、ここにはたくさん自転車があるけど、
　　　　　　全部修理するやつなの。
修理屋さん　そうじゃよ。朝から晩まで、休む暇もないよ。
少　　　年　おじいさん一人で全部直すの。
修理屋さん　まさか。わしには二人の見習いがおる。今は二人
　　　　　　とも家に帰ってご飯を食べておる。
少　　　年　おじいさんの歳でこの仕事をやるのはつらいでし
　　　　　　ょう。
修理屋さん　なんのなんの。ある日なんぞ夜中になったという
　　　　　　のに修理にたたき起こされたんじゃ。家に帰る途
　　　　　　中で自転車が壊れた客をそのままほっといた日に
　　　　　　ゃ、その客は家に帰れんじゃろが。それよか起き
　　　　　　て直してやった方がよっぽど人助けになるっちゅ
　　　　　　うもんじゃ。

 【参考訳例３】

街の自転車修理屋で

浪速のおばちゃん　すみませーん、このあたりに自転車の修理
　　　　　　　　屋さんありますか。

通　行　人　南のあの通りにありますわ。（南の方向を指す）

おばちゃん　遠いですか。

通　行　人　それほどおまへん。前の交差点を右に曲がったら、
　　　　　　何歩も歩かんうちに着きまっせ。

おばちゃん　えらいすみません。

（浪速のおばちゃんは店主が修理する様子を見ながら、話しか
けている）

おばちゃん　この仕事、長いことしたはりますの。

店　　　主　3.40年になりますわ。若い頃は親方についてまし
　　　　　　たんや、もうええ歳になりましたし、自分の店を
　　　　　　持ったんですわ。

おばちゃん　自転車、たんとありますけど、みな修理しますの。

店　　　主　そうでんがな、一日中働き詰めですわ。

おばちゃん　ほな、おひとりで。

店　　　主　一人で出来ますかいな、二人使うてますけど、今
　　　　　　メシで家に帰ってますんや。

おばちゃん　ご年配になられているんで、この仕事も大変です

やろなぁ。

店　　主　よう、そう言われますわ。たまぁに夜中に店を叩
　　　　　く音がしますんや。話聞いたら、自転車が途中で
　　　　　動かんようになり、家に帰れん、と言うやおまへ
　　　　　んか。しょうないから修理してやりましたわ。ま、
　　　　　人助けっていうことですな。

 ────────────────────────【講評】

"劳驾" と "对不起"

　会話の課題文はこれまで同様、大半の方が登場人物を自由に
設定して、楽しく取り組まれたようです。マツコ・デラックス
さんを採用した訳文には「果たして、あの方が乗れる自転車か
あるのかどうかはさておき」との但し書きが付いていました。
今回も皆さんの中から「参考訳例」を3編、選びましたが、こ
れ以外に山形弁や江戸っ子の語り口もありました。

　タイトル。「町の自転車修理屋で」が一般的でした。「近くに
自転車修理してくれる所ありますか」は、あまりにも直訳すぎ
るでしょう。

"劳驾"：私が若いころ暮らした東北では、もっぱら同義語の
　　　"借光"が使われていました。中国人との会話で"劳驾"と
　　　言うべきとき、つい日本語のクセで"对不起"と言ってしま

う人が結構います。

"丁字路口"：「T字路の角を右へ」ですから、「この先の突き当り」が自然な言い方でしょう。

"大卫"：これはデビッド、ダヴィードなど外国人の名前です。

"师傅"：「親方、店主、主人」などがありました。「職人、修理工」などは「店で使われている人」というイメージがあります。

"可不是嘛"：「まったくだ」「そりゃそうだ」「もちろんだ」など。

"就您一个人干吗？"：ここの"就"は"只、仅仅"の意味です。

"一个人哪干得过来呀"：「一人じゃ出来っこない」「一人でこなせるもんか」「（相手に「一人で全部直しているのですか」と聞かれて）まさか」など。

"不管他吧"：「ほっとけば」「やってあげなければ」など。

"谁说不是呢？"：「そりゃそうだとも」「そのとおり」「まったくだ」など。

"他车坏在半路上了"：「放っておけば途中で壊れて帰れなくなる」とした方が何人もいますが、「帰宅途中で故障したから修理屋を訪ねた」のです。

王蒙：喜对天下

　　王蒙是著名作家，但如普通老百姓，亲自上街排队购买东西。这不是体验生活，而是享受生活。

　　王蒙喜欢音乐，从小就是，到老依然，张口就唱，踏着旋律就跳。他说："我离不开音乐。音乐就是我的生命的一部分，我的作品的一部分。"

　　王蒙喜欢语言。他到了新疆农村，几个月就能用维吾尔语在会议上发言；上世纪80年代重返京城后，抓紧一切机会学习英语；他当文化部长时率团出访日本，在日方的欢迎会上，用急学的日语致辞。

　　王蒙喜欢游泳。在干旱少雨的新疆，他看中了一个水库，于是夏天，他和一群光着屁股的小孩在一起扑腾，还跟在顽童的后面爬上5米高的悬崖，往下跳水。晚年条件好了，他每年夏天都要到北戴河去，到浪涛里去。

　　王蒙的爱好多了。比如：他爱读书、爱烹调、爱看电视、爱上网、爱和儿童一起玩耍、爱登山、爱散步、等等。不管有多少爱好，排位第一的则是写作。

　　他的名言是"喜对天下，处处可喜。悲对天下，无事不悲。善对天下，多有善意。仇对天下，四面皆仇。"

〔出所〕《人民日報》（2013年7月4日）

［注］王蒙は著名な作家であり、文化部長（文化大臣）も務めました。彼の詳細については、日本語のWikipediaでも調べられます。

 【参考訳文】

王蒙氏の楽しい暮らし方

　王蒙氏は有名な作家だが、街では庶民と同じように買い物の行列に加わる。これは作家として庶民の日常を体験するためではなく、日々の暮らしをエンジョイしているのだ。

　氏は音楽が大好きだ。若いころから年を取った今でも、いつも歌を口ずさみ、メロディーに乗って踊りだす。氏に言わせれば「音楽はわが命の一部であり、わが作品の一部でもある。音楽抜きでは生きていけない。」

　氏はいろいろな言葉に興味がある。新疆の田舎に行った時は、何カ月かのうちに会議の席上ウイグル語で発言できるまで上達したし、1980年代に北京へもどると、寸暇を惜しんで英語の習得に励んだ。文化部長（文化相）のころ団長として訪日した際は、日本側が開いた歓迎会の席上、にわか仕込みの日本語で挨拶した。

　氏は水泳もお気に入りだ。降雨量が少ない新疆では、あるダムが気に入り、夏にはお尻丸出しの子どもたちと泳ぐだけでな

く、わんぱく小僧について5メートルもある崖によじ登っては飛び込んだ。高齢になり待遇が改善されてからは、夏になると毎年、北戴河の大波に身をまかせている。

氏の趣味は読書、料理、テレビ、ネットのほか、子どもたちと遊ぶことや登山、はては散歩等々、実に多彩だけれども、トップはやはり創作に打ち込むことだろう。

「楽しく暮らせば喜びばかり。悲しく暮らせば悲しみばかり。慈しみを抱いて暮らせば周りに善意があふれ、憎しみを抱いて暮らせば周りは敵だらけ。」これが王蒙氏の名言である。

──────────────────────────【講評】

タイトルに工夫を

「王蒙の作品を読んでみたくなりました」との感想が、多くの訳文に付記されています。

タイトル。「生きることを楽しむ作家 王蒙」「王蒙流人生の楽しみ方」などがありました。「喜びをもって世の中に向き合う作家・王蒙」は、長すぎるのが玉にキズですが、内容をよくとらえていると言えます。

"天下"：「世界」とした方が数人いますが、ここは「世の中」「暮らし」などのほうが文意に即していると思います。

"体験生活"：これは一般用語ではなく、作家など創作に携わる

人たちが、作りたい作品に関連する環境に身をおいて、実生活を感覚でつかむことを指しています。

"张口就唱"：「口を開ければすぐ歌いだす」、つまり、自然に歌が口をつくことです。

"喜欢语言"：（漢語以外の）言葉を学ぶのが好き、といった意味です。

"急学的"：「即席の」「覚えたての」など。

"晚年"：中国語なら存命の人にも使えるようですが、日本でそんな使い方をしたら、たいへん失礼になるのではないでしょうか。

"条件好了"：一般的な「条件が良くなった」ではありません。北戴河の海水浴場は、誰でも自由に行ける場所と、幹部（定年退職者を含む）や功績のあった専門家・労働英雄たちに与えられる「特権」としての場所が、区分けされています。王蒙は1986年3月から1989年8月まで文化部長（閣僚）でしたから、この「特権」の場所をエンジョイできるのでしょう。外交部で局長まで務めた私の友人は、今でも2、3年ごとに北戴河へ招待されています。

"爱好多了"：「増えた」のではなく、「たくさんあるよ」という意味です。

　文末の「名言」の訳に、皆さん苦労したようですが、「七音」でまとめたある方の訳例を紹介します。「世に喜べば　うれしきに満ち　世に悲しめば　嘆かざるなし　世を思うもの　好意が恵み　世を恨むもの　憎悪が囲む」。また、「この世界は喜びも悲しみ

も、敵も味方も、すべては自分の心次第でどうにでもなる」と、思い切ってまとめた訳文もありました。

「好んだ」「語っていた」「海水浴をした」「金言を残している」など、過去形にした方が10人もいたのに驚きました。王蒙が存命であることは、日本語のWikipediaを見るだけで分かるのに、どうしたことでしょう。

王蒙は「暮らしを楽しむ人」だけではありません。1957年には作品が批判されて「右派分子」のレッテルが貼られ、1963年から15年間も新疆の農村へ「下放」されました。さらに、1989年6月4日に「天安門事件」が起きた後、閣僚たちがこぞって「戒厳部隊」（つまり鎮圧した部隊）の慰問に行き、「断固たる行動」を称えましたが、王蒙だけ行かなかったので、同年8月に文化部長を更迭されてしまいました。反骨精神の持ち主でもあるのですね。

III
体 験 談

図書翻訳者としてデビューした
受講者たちの率直な感想

デビュー作『中国の未来』

東滋子

　皆様、こんにちは。この度『中国の未来』の翻訳を担当させて頂きました、東と申します。私のような者にこのような機会を与えてくださった武吉先生と日本僑報社の段編集長には心から感謝しております。この場をお借りしてお礼を申し上げたいと思います。

　武吉塾では長年お世話になってきましたが、このように大きな翻訳をするにはまだ実力不足で、出版された今でも大変恐縮しております。本屋さんでこの本が書棚に並んでいるのを目にした時には足が震えました。嬉しさではなく、恐ろしささえ感じてです。今頃武吉先生にはこの本のあちこちに赤線を付けられているのではないかとも心配しております。

　さて今日は翻訳を担当しての経験談ということですが、うまく皆様にお伝えできるかわかりませんが、皆様にもぜひこの経験をしていただきたいと思います。

　まず、訳書が完成するまでの流れですが、一度全体を訳し終えると、「初校」という校正をします。自分で打ったA4のワード文書が、B4の大きさの用紙に縦書きの本を見開きに印刷したような体裁で戻ってきます。最初に見たときは「本とはこうして作られるのか」ととても感激しました。でもその感激は一瞬で消え失せます。その形になると、いろいろなところが目

について、汗が出てきました。「なぜこんな訳をしていたのか」と気づかされます。「校正」といっても私の場合、ほとんどが訳の訂正でした。これを初校、再校、三校と繰り返します。訂正も多く、大変ご迷惑をかけてしまったと反省しています。最後には日本僑報社の小林さゆりさんにチェックをしていただき心より感謝しています。

　次に今回、私が翻訳を通して感じた点、三点についてお話します。まず始めに、一般常識や雑学を身に付けるためにいつもアンテナを高くしておく必要性を感じました。例えば、この本の中に突然イタリアのサッカーチームの話が出てきます。サッカーチームのインテルミラノの優勝をメード・イン・チャイナの製品、ＡＣミランの優勝をメード・イン・イタリアの製品に例えるくだりがありました。私は数年前のサッカーチームの優勝に関する知識がゼロに等しいだけでなく、イタリアサッカーの知識も全くありませんでした。わずか数行の話でしたが、訳しただけでは不安に思い、その背景をネットで調べているとすぐに一、二時間位費やしてしまいます。やはり政治経済に限らず、どんなジャンルでも多くの情報と知識を持っていることは強いですし、自信につながると思います。いろいろな物を見たり読んだりすることで、すべてが頭に残るわけではないでしょうが、一つでも二つでもどこかに残ってさえいれば、いつか将来、「ジグソーパズルの一片のようにピタッとはまって役立つことがあるのではないか」と思います。私のように一片も持っていないと時間も労力もかかってしまうというのが実感です。

　第二の点ですが、武吉先生も常々「新聞をよく読むように」

とおっしゃっていました。私も人並みには新聞を読んでいるつもりでした。しかし、この「読む」というのはただ単に情報を得るために読むということだけではないと、今回その意味がはっきり分かった気がしました。つまり、「読む」とは「文章を書くつもりで読む」ということではないかと思いました。新聞ならば、「自分が記事を書くつもりで読む」ということでしょうか。いざ日本語を書くとなると、だんだん表記の仕方にさえ自信がなくなってくることもありました。『日本語表記ルールブック』や『朝日新聞の用語の手引き』などを見ましたが、日ごろから意識的に読むことで次第に身に着く部分も多いのではないかと思いました。

　また辞書を引いてもぴったりの言葉が見つからないというのは、皆様も武吉塾の課題文でご経験済みだと思います。いろいろな文章を読みながら、ふさわしいニュアンスの言葉を探すことになります。特に新聞の政治経済欄でどんな言葉が使われているか、自分の頭の中にその言葉がいつも自分で自由自在に使える状態にあるか、考えながら読まなくてはいけないと思いました。やはり自分で使ったことのない言葉、なじみのない言葉は使いこなせないのではないかと思います。新聞に限らず、本、雑誌、広告など言葉に敏感になって日本語に磨きをかけること、イコール表現力を高めることだとつくづく感じました。

　三番目に何度読んでも修正箇所が出てくることです。日本語に訳してみると今度は文章の流れの中でニュアンスが気になります。例えば、政府の役人を「挿げ替える」は「首を挿げ替える」をイメージし、私の主観が入りすぎるというご指摘を受け

ました。また「回応民族主義的感情」という言葉を最初は何気なく「民族主義的感情に応える」と訳していたのですが、これは原文によると「民族主義」とは言い切っていないということで、結局「ナショナリズム的な感情」ということで落ち着きました。内容にもよりますが、客観的な立場で訳すという難しさがあると思います。特に国と国との関わりを書いた部分では常に真っ白な中立的な気持ちで言葉を選んでいくことの大切さを感じました。

　全体的にまとめますと、武吉先生が以前から「翻訳とは恐ろしいもので、実力はもちろん、知識も人柄もすべてさらけ出してしまう」とおっしゃっていますが、まさしくその通り。翻訳とは「厳しい」「怖い」ものだと感じました。でもさらけ出したくなくてもそうなってしまうならば、すべてさらけ出しても恥ずかしくない自分を目指したいと思うようになりました。

　いろいろと脅かしてばかりのようですが、その反面「楽しい」と感じる部分があったのも事実です。もちろん、原文は自分の書いたものではありません。おこがましいかもしれませんが、内容をつめるにつれ、筆者との一体感を味わえる瞬間もあります。「どう表現すれば、筆者の思いをそのまま伝えられるのか」を考えてそのピントがピタッとあった時、お会いしたこともない筆者に「こうおっしゃりたいのですよね」と言える瞬間が時々ありました。

　ぜひ皆様にもこうした本の翻訳を経験していただきたいと思います。得られるのは中国語の知識だけではありません。世の中を全体から客観的に見ようとする意識、苦手とする分野や興

味のない分野もしっかり見ようとする意欲が湧いてきます。

　またこの数カ月間この本と向き合い、机を離れていても、外を歩いていても、常に「いい訳はないか、もっとぴったりの言葉があるのでは」と探している時間、ひとつのことに没頭できる時間というのは大変幸せな時間でした。

　上手くお話しできませんでしたが、今日は至らない点が多い私にこのような時間を作ってくださりありがとうございました。武吉先生、段編集長ありがとうございました。

（2014年2月1日）

✿ デビュー作『大国の責任とは』 ✿
本田朋子

　今回『大国の責任とは』を翻訳させていただいた本田と申します。体験談ということで、今回どのようにこの本に取り組んできたか、僭越ながら発表させていただきます。よろしくお願いいたします。

　まず、ずっとご指導いただいている武吉先生、そして私のような新人に一冊の本を任せていただいた段編集長、張社長、編集の小林さんにこの場を借りて改めてお礼申し上げます。

　私が担当した本を紹介します。タイトルは『大国の責任とは　中国平和発展への道のり』。著者の国際関係学者の金燦栄教授が国際情勢の中で様々な立場を持つ中国が国際責任をどう捉え、どのように実行しているのかなどを、実例を挙げて体系的に紹介している、といった内容になっています。

　去年の今頃のスクーリングでこの本の原書をいただきました。ざっと目を通したところ、本も薄く字も大きかったので、頑張れば私にもできるかもしれないという気持ちもありつつ、いつも課題を提出しては赤線をいっぱい引かれて「好（ハオ）」がなかなかもらえないような私がやっていいものかと悩みましたが、「熟能生巧（習うより慣れよ）」で思い切ってチャレンジすることにしました。

　本一冊に取り掛かるにあたって、初めての経験なので、どう

やって進めていけばいいか全体像がつかめませんでしたが、最初に私がやったことは計画を細かく立てることと環境を整えることでした。この本は14万文字あるそうなのですが、こんなに多い文字数を集中して翻訳することは初めてだったので、のんびり屋の私にとってはしっかりと進捗状況を常に把握していくことが大事だろうと思いました。

原稿を提出する締め切りは幸いにも編集部から指定されていなかったので、できるかできないかは別として、自分なりに半年ぐらいで提出すると決め、逆算して一日何ページずつ作業していけばいいかを手帳に書き込みました。だいたい一日に武吉塾の課題を4回分ぐらいの分量をやっていくような感覚になり、私にとってはなかなか厳しいスケジュールになりました。

また、私は平日会社勤めをしており、休みの日を中心に作業することになるのですが、翻訳に使える時間が限られているので、なるべく隙間時間などにも作業できるよう持ち運びできるワープロとタブレットパソコンを買いました。これでいつでも調べものと文字打ちができるようになって効率が上がったと思います。

そして翻訳に取り掛かり始めたのですが、とにかく知らない事柄や単語だらけで、思った以上に訳が進まず焦りました。この本は主に国際関係や外交などのことが書いてあり、国際組織や条約、国名、地名、外国人の名前がいろいろ出てきます。マイナーな固有名詞も出てきますし、文章のテーマも目まぐるしく変わります。そういうものを一つずつ確認していくことは本当に骨が折れる作業でした。文章を訳すというよりは、膨大な

中国語の単語を日本語の単語に置き換えることだけで正直精一杯でした。そのため、後で自分が訳した文を読んでみると、文章としては成り立っていない部分も多く、取り組み初めてから「本当に訳を完成させることができるのだろうか」といつも不安な気持ちでした。

　また、原文を正しく理解するには、書かれていることへの背景知識が不可欠であることを痛感しました。この本の内容で言えば、国連の成り立ち、ＰＫＯ派遣、核軍縮、論語、国際金融危機などが出て来ましたが、それぞれに専門用語があり、これらについては本を読んだりインターネットで資料を集めたりして、自分なりに咀嚼した上で取り組みました。日本語の説明を見ても理解が難しいところもあって、無い袖は振れません。普段からのいろんな知識の積み重ねが大事であることを実感しました。いろいろなことに好奇心を持ち、日頃から雑学、教養を身に着けておくべきだという武吉先生のアドバイスを身に染みて実感した次第です。

　翻訳作業を進めていくにつれて、単語の把握にも慣れてくると、今度はいかにして読者に伝わる日本語にするか、という段階になってきました。普段武吉塾でよく言われている倒訳や、つなぎ言葉、注を入れるなどのテクニックを使ってこなれた日本語を心がけましたが、それでも原文に引きずられてしまうところが多くありました（例えば…何回も出てくる主語を省略するのを忘れる、「の」が連続する、"応該"を「〜しなければならない、しなければならない」と繰り返してしまう）。これを反省して、最近は新聞の記事をまるごと書き写ししてみたりして

います。

　また、ほとんど訳が完成してくると、原文をよく理解しないまま訳したところが後から浮いて現れてくるという現象がでてきました。自分がなんでこんな訳をしたのだろうと後からおかしくなって笑ってしまうような間違いが出てくることも多々ありました。そんな部分は特に原文を何度も声に出して読んでみたり、キーワードになりそうな単語を一旦英語に置き換えてみたり、いろんな角度で見るようにしました。中にはわからない単語をYouTubeに入力して映像からヒントを得た、というのもありました。そうしているうちにパッとひらめきが出てきて、スムーズな訳ができたりします。

　そして8月から取り組みはじめ、3月過ぎになり、なんとか形にして私なりにもう直すところはないという段階で原稿を提出しました。しかし、ゲラの状態に焼き直されて原稿が戻って来ると、見れば見るほど間違いや直したい部分がたくさん出てきました。訳し終わってから少し時間を置いてから読み直したことと、体裁が変わって見慣れた原稿が違う形になったために、新鮮な視点で客観的に原稿を見直すことができたからだと思います。夜中に書いたラブレターを次の日すぐ渡さないほうがいいという話がありますが、確かに武吉先生もおっしゃっているように、訳し終わってから少し時間をおいて冷静になってから見直したほうがいいのだと思いました。

　原稿を提出したのでやっと翻訳から解放された、とホッとしていたら、原書の改訂版が出たので追加で翻訳してください、と編集部から改訂版の原書が送られてきました。そのため、一

生懸命訳した部分がボツになったり、古い原書と新版のどこが違うのか間違い探しをしなければならなくなったり、今年はお花見に行く暇もなく締め切りに追われて翻訳をやっていました。そのうち武吉塾の第12期の宿題も始まってしまい、いろいろと重なり４月頃はかなり忙しい毎日だったことを思い出します。

　また、ゲラを校正するということも初めてで、校正記号のこともよく分かっていませんでした。それもインターネットや『日本語表記ルールブック』などを参考にして見様見真似でやってみました。また、前回のスクーリングの時、『中国の未来』の翻訳者で第一回新人賞を受賞された東さんに経験談をいろいろ教えていただき原稿を見せていただいたことで作業のイメージを掴むことができ、私にとってプラスになりました。

　追加原稿の加筆もあって、ゲラが真っ赤になってしまい、編集の小林さんはきっとチェックが大変だったと思いますが、編集部とのやり取りの中でも勉強になる発見がありました。まず、私は訳文を形にすることに必死になりすぎて、句読点や記号の打ち方や、数字の表記の規則を全く気にしていなかったことです。これは小林さんにアドバイスをいただき、『記者ハンドブック』を参考にして修正しました。記号や数字は普段の課題の時から忘れがちだったので、やはり普段できていないことが出てしまったと思いました。

　また、地名の表記で、「寧辺」という北朝鮮の地名があり、私は漢字のまま表記していたのですが、小林さんに（ニョンビョン）とふりがなを追加していただきました。読み手の立場になって訳していれば、その漢字の地名が中国なのか日本なのか

北朝鮮なのかわかるよう自然と配慮ができたと思うので、常に読む人の感覚を持ちながら訳さなければいけないということに気がつきました。このように、ただ訳すというだけでなく、最終製品である日本語として、出版翻訳では出版物としての決まりを守るということもいつも以上に重要になってくると思います。

　最後に、私は山登りが趣味で、先日も5日間北アルプスの山を登ってきたところなのですが、最近本を一冊翻訳することと登山は通ずるところがあると思っています。

　まず、下準備が大事であるということ。登山では地図やコンパス、水、雨具などしっかり用意して、歩くコースや日程、天気、現地の情報などを把握し、体力をつけておかなければ、山に登れないし命にかかわります。翻訳も同じで、普段から課題に取り組み様々な文章に慣れ、調べものをするツールを揃え、背景知識や単語を蓄えておかなければ、翻訳はほとんど前に進めません。

　次に自分が今どこにいてどれくらい目標の山に近づいているか地図をしっかり読み、常に居場所を確認していないと遭難します。翻訳も同じで、文章がどの程度進んでいるのか、原文をしっかり読み、その本を通じて著者が言おうとしている一貫した主張を捉えている必要があります。

　やっと頂上に立ったら、達成感を感じるとともに、今度は足下に注意しながら下山していかなればなりません。翻訳も同じで、原稿を提出して一息ついたあとは、ゲラ原稿を注意深くチェックしながらいままでやってきた文章を振り返らなければな

りません。

　一つの山を登って下りてくると、その山の難易度や全体像がやっと把握でき、友達に写真を見せて「こんな山だったんだ」と説明できるようになるように、翻訳も訳すうちに著者の主張全体が分かってきて、推敲を重ねて日本語として形になり、それを読者に伝えることになります。

　そんな登山のように大変な翻訳ですが、最後までやり切れたモチベーションはやはり翻訳したものが形になるうれしさがあったと思います。中国に住んでいた頃、仕事が休みの日はよく書店に行きました。村上春樹の小説や日本のファッション雑誌などが翻訳されてお店に並んでいるのを見て、日本の書籍が中国で紹介されていることをうれしく思いました。今度は逆に私の訳を通じて中国の本が日本に並ぶのだと思うとやりがいを感じました。

　これからも正しくて伝わる翻訳を目指して頑張っていきたいと思います。

　以上で体験談の発表を終わります。ありがとうございました。

（2014 年 8 月 2 日）

デビュー作『中国発展報告—最新版』
平間初美

　今回の翻訳は、昨夏の日中翻訳学院の訳者募集を見て応募しました。もともと暑さに弱い私が東京まで出かけたのですから、よほどやりたかったのでしょう。初めての経験ですので、右往左往しているうちに、気がつけば終わっていました。

　困ったことは数多くありましたが、一番印象深かったことは外国人の名前です。日本語とはまた違う感覚で音を漢字表記するので、アルファベット表記が添えられていないと、誰なのかを正確に把握するのに時間がかかりました。著名人であれば問題ないのですが、世間的にあまり名を知られていない人になると難儀でした。関連人物の英語論文をインターネットから探し出し、その参考文献リストから割り出した（検索というより捜索？）こともありました。翻訳作業の過程では、知識が多いことが大事ではあるものの、自ずと限界があるので、それ以上にリサーチの手段を増やすことが必要であると改めて認識しました。インターネットはもちろん、公共図書館サービスにもずいぶん助けられました。

　また訳文の吟味にも時間がかかりました。武吉塾の課題など普段は横書きが多く、翻訳作業も横書きですすめているのですが、ある時ふと「出版物は縦書きだ」と思い、入力した文章を縦書きに変換してみました。そうするとまた見え方が違って、

言葉の流れや句読点の打ち方など、新たな角度から訳文を考え直すことができました。初心者の私にとっては、意外に有効な方法だったと思います。

　あれこれ四苦八苦しましたが、この本を選んで良かったという気持ちは今も変わりません。一冊の本を翻訳するには時間と労力が大量に必要になります。時には苦しい作業をしていく際に、自分が是非やりたいと思った本を担当することが支えになりますし、また今回その機会が得られたことは、たいへんに幸運であったと思います。

　言うまでもなく出版物は様々な人の仕事を経て完成するものであり、私はその一部を担当したにすぎません。またそのなかで私一人が素人からのスタートであったことで、たくさんの方々にご面倒をおかけしました。この場を借りてあらためてお詫びとお礼を申し上げます。

（2015年7月7日）

✿ デビュー作『一角札の冒険』 ✿
小室あかね

　この度、昨年から翻訳に取り組んだ豊子愷の作品『一角札の冒険』が出版されることになりましたが、正直なところまだ実感が湧きません。数カ月に及ぶ翻訳の作業は実は夢だったのではないかと思うほどです。

　昨年、日中翻訳学院が主催する武吉塾を受講したことをきっかけに、初めて一冊の本を翻訳するチャンスをいただきました。これまでの仕事は、主に日本語から中国語への翻訳や、業務上のやり取り等、ビジネスや産業方面の翻訳やチェッカーが中心でした。そのため、文学作品の翻訳は未知の世界でした。それも児童文学作品です。大人だけではなく子供が読んでも理解できる翻訳とはどんなものなのか、まさに手探りの状態で始めることになりました。幸いにも、我が家には子供達の本がたくさんあり、その中でも外国人が原作の本を片っ端から読み直しました。難しすぎず、簡単すぎない訳文。物語の背景にある外国の文化がどのように表現されているのか等、考えることはたくさんありましたが、まずは作者である豊子愷について知ろうと思い、西槇偉（にしまき いさむ）氏の著書『中国文人画家の近代─豊子愷の西洋美術受容と日本』を手に取りました。主に画家としての豊子愷にスポットを当てた内容でしたが、日本留学の経歴や竹久夢二から受けた影響、また子供や庶民の労働の

風景を描いた作品を多く残していること等を知ることができました。そこから「高尚な文学作家」ではなく「市井の人々への温かい眼差しを持った作家」というイメージが湧いたので、時代背景をできるだけ壊さないように、分かりやすい文章に翻訳しようと決意しました。それでも、原作から読み取れる「ユーモア」や「当時の社会や大人たちへの皮肉」等をうまく翻訳できたかどうかは、正直、今でも自信がありません。

翻訳の作業についていえば、私の場合、毎週一回締め切りがある仕事を継続しながらの作業だったので、週４日を通常業務、残りの３日を本の翻訳の時間に充てました。全く異なる分野の作業だったので、頭の中を切り換えるために、敢えて時間を分けて翻訳を進めました。この時に一番苦労したのは、自分一人だけで何度も読み直していると、間違っている箇所に気づきにくくなることです。何度も読んでいるうちに、直したつもりが修正されていなかったり、一文飛ばして読んで話がつながらなくなったりしていることに、気づかなかったりするのです。私の場合は友人に読んでもらうことで、日本語の不自然な点やミスを指摘してもらい、うまくカバーすることができました。

原稿を提出した後からは、段編集長、張社長、西村さんを中心とした事務局の編集の皆さまにも大変ご迷惑をおかけしました。初めての出版翻訳で、右も左もわからない私に原稿の書き方等をいろいろとご指導いただき、私の稚拙な文章のせいで多大なご迷惑おかけしたかと思うと申し訳ない思いでいっぱいです。忍耐強く出版まで見守っていただいたことに感謝します。

また、今回翻訳の機会を得られたのは武吉塾に出会い、武吉

先生にご指導していただいたおかげでもあります。先生から「好！」という評価をもらおうと学生時代以来の必死さで勉強をがんばることができました。仕事にかまけて基本を見直すきっかけを失っていた私にとって、先生のご指導には感謝の念が尽きません。日中翻訳学院の皆さま、本当にありがとうございます。

　フリーランスで仕事をしている者にとって、特にビジネス、産業翻訳を中心に仕事をしていると自分の仕事がどのような形で活かされているのかが分かりません。翻訳者はあくまでも「シャドウ（影）」だからです。その上、守秘義務や機密保持義務も重なって、自分の家族にも一体何をしているのか分かりにくいのが翻訳の仕事だと思います。今回、豊子愷の作品を翻訳する機会をいただいて一番うれしかったことは、自分の家族に堂々と自分の仕事の成果を見せることができることです。「毎日パソコンの前でウンウン唸って何かしている」のではなく、「一つの作品を皆に届けるための仕事をしている」ということを家族に理解してもらえたからです。一冊の本を翻訳するということにプレッシャーもありましたが、今後も「シャドウ（影）」でありながら、時々は表に顔を出せる「出版翻訳」に携われるよう、より一層精進していきたいと思います。

　最後になりましたが、ここまで支えてきてくれた全ての皆さんに心から感謝します。

　ありがとうございました。

（2015 年 7 月 17 日）

❀ デビュー作『「一帯一路」詳説』 ❀
川村明美

　こんにちは。今回『「一帯一路」詳説』の翻訳を担当させていただいた川村です。まずはこの場をお借りして、貴重な機会をくださった段編集長、張社長、そして編集・校閲作業でご尽力いただいた日本僑報社の皆さまに心より感謝申し上げます。

　今回が私にとって初めての書籍翻訳だったのですが、完成した本を最初に手にしたときに感じたのは、実のところ嬉しさや達成感以上に恥ずかしさ、情けなさ、申し訳なさでした。8カ月近くに及ぶ翻訳作業を通じて、「翻訳はおそろしい。自分の語学力や知識から性格まですべてさらけ出してしまう」という武吉先生の言葉を身にしみて感じた次第です。

　ということで、今日は数々の反省点の中でも特に強く感じたことを二つお話ししたいと思います。

　まず一つ目が、長期の翻訳作業にあたっては、気力を一定に保ち続けることが大切だということです。約250ページ・18万字という量は私にとって未知のボリュームでした。普段の自分の作業スピードを踏まえて、ざっくりと下訳、推敲、チェック作業のスケジュールを立てたのですが、いざ始めてみると訳しても訳しても終わりが見えず、気が遠くなったのを覚えています。

　特に、小学生の息子が夏休みの間は、作業が滞って気持ちが焦るばかりでした。実際、かなり朦朧としていたようで、納品してホッとしたのもつかの間、戻ってきた初校を見て冷汗が出ました。下訳のまま納品してしまったかと思うぐらい、支離滅裂な日本語だったからです。そのため、初校は訳し直しで真っ赤。さらに日本語で280ページあるため、読み返すだけで何日もかかり、二校、三校、四校と進んでも用語や表現が統一されていないところや誤字脱字が一向になくなりません。印刷する直前まで修正をお願いするという、最後までまさに綱渡りの状態でした。

　8カ月の間、私の頭の中は寝ても覚めても「一帯一路」のことでいっぱいで、翻訳以外のことは何も手につかず、最後のゲラのチェックのころには気力も体力もすっかり尽きてしまっていました。今回のように翻訳量が多く、作業時間が長期にわたる場合、しっかりとスケジュール管理をし、オンとオフをきちんと切り替える、つまり適度に翻訳と距離をおいて気分転換しながら、最後までモチベーションを保って作業することが大切だと感じました。時間に追われて原文が十分に読み込めなかった上に、気持ちが前のめりになっていたために、自分の翻訳を冷静かつ客観的に見直すことができなかったように思います。

　そして二つ目が、背景知識の重要性です。本書では中国国内のことだけでなく、世界の政治、経済、歴史、地理と広範囲に話が及び、リサーチには少々苦労しました。インターネットや関連書籍をあたることで、最低限、意味が通るように忠実に翻

訳することはできたかなと思います。ただ、まさにここが「翻訳はおそろしい」ところで、あわててネットでかき集めた情報をつまみ食いした程度の薄っぺらな知識であることは、翻訳を読めばすぐにばれてしまうでしょう。例えば、中国とアメリカとの駆け引きであったり、南シナ海問題に対する各国のスタンスであったり、牽制し合うインドと中国の間の問題であったり、さらには個々の国が持つ長い歴史や文化であったり。そうした知識の強固な土台がなければ、血が通った、説得力のある、原文が持つ意味を余すことなく表現した翻訳はできないということを今回痛感しました。

　時間的にも体力的にも精神的にも苦しい作業でしたが、より良い訳語や表現を探し、考え、生み出す喜びは皆さんよくご存知だと思います。翻訳の基準である「信、達、雅（忠実に、なめらかに、美しく）」の「雅」を目指して作業に取り組んできましたが、結果的には「達」の50％程度かなと思っています。今日いただく賞状は、自戒の意味を込めて部屋の目立つところに飾っておくつもりです。きっと目にするたび「今の自分はさらけ出しても恥ずかしくない人間か」と自問自答し、背筋が伸びることと思います。

　簡単ではありますが、以上で私の体験談とさせていただきます。
（2018年2月17日）

デビュー作『目覚めた獅子』

森永洋花

　森永さんは中国の新しい対外政策が分かる一冊、黄衛平著の『目覚めた獅子 中国の新対外政策』（同社刊）を翻訳。

　今回の新人賞受賞を「大変光栄に思います」とし、森永さんにとって第一作となった同書の刊行について深い感謝の意を表した。

　その上で、初の出版翻訳で一番大変だったことについて、このように振り返る。

　「今回の作品は中国の経済と政治に関する著書ということもあって、経済や政治に関する幅広い知識が必要でした。また、私にとって日本語は外国語であることもあり、専門用語の正確性のほかにも日本語の適切な表現をどのように引き出すかということが大きな課題でした。武吉先生がいつもおっしゃるように、論理性の高いコッテリの中国語をいかにサラサラな読みやすい日本語に置き換えるかということが一番難しいことであり、今後もっと研鑽していくべき課題でもあるとしみじみ感じたところです。

　この表現で日本語の経済書の中では一般的な表現であるか、何度も何度も納得いくまで検索をかけました。関連学術論文や記事を読み返しながら、膨大な作業を前に途方に暮れたこともありました」

　「専門用語の正確性」や「日本語の適切な表現」に腐心したとしながらも、森永さんは「ちゃんと腑に落ちる表現に仕上がった時の喜びはそれに勝るものでした」と翻訳の楽しさを語る。

　さらに「まだまだ勉強が足りない私ですが、日本と中国の文化交流に微力ながらも貢献ができるようになれればと思っております。この新人賞を糧に今後もさらに研鑽して参りますので、温かい目で見守っていただけるとありがたい」。森永さんはそう、さらなるステップアップを目指している。

（2016年2月20日開催の「公開セミナー」記事より）

デビュー作『少年音楽物語』
藤村とも恵

　藤村さんは、中国近代文壇を代表する豊子愷（ほう・しがい）の児童文学全集第2巻『少年音楽物語』（小社刊）を翻訳した。藤村さんが書籍翻訳を担当するのは、今回初めて。

　体験文によると、初めての書籍翻訳を無事終えたことに対し、日中翻訳学院の講師・武吉次朗先生をはじめとする関係者への感謝の意を表した上で、今回の翻訳の苦労について「言葉はもちろん、音楽関係の専門用語と各国の音楽家の名前、それに漢詩や歌詞など、わからないことが次から次へと出てきた。民国時代の内容のため、古い言い回しや言葉、詩の引用が多くて苦労した」と率直に振り返る。

　そうした体験を経た上で、書籍翻訳で大切だと思った点は「事前によく調べること、独りよがりにならず他者に読んでもらうこと、えり好みせずいろいろな文章に接し文章を精読すること、さまざまな分野に興味を持つこと、絶えず母語を磨くこと、そしてそれらをコツコツと積み上げていく、まさに武吉先生が教えて下さっている通り」だと強調。

　さらに「翻訳作業は私にとっては非常に厳しく大変でしたがチャレンジして本当に良かった」「自分をすべてさらけ出す翻訳のおそろしさもいやというほど味わったが、同時に翻訳のおもしろさと奥深さを身をもって体験することができ、今後の課

題もはっきりするなど得たものは大きく、翻訳ってやっぱり楽しい、と実感した」と力説していた。

（2016年2月20日開催の「公開セミナー」記事より）

❀ デビュー作『現代中国カルチャーマップ』❀
脇屋克仁、松井仁子

　脇屋さんは、中国文学賞の最高峰「魯迅文学賞」を受賞した作家、孟繁華著の『現代中国カルチャーマップ——百花繚乱の新時代』（日本僑報社刊）を、松井仁子（まつい・よしこ）さんとともに翻訳した。

　脇屋さん、松井さんともに書籍翻訳を担当するのは、今回初めて。

　脇屋さんは本書の翻訳にあたり、「問われたのは訳者の『読む力』。今回の翻訳を通じて、訳者は最もすぐれた読者でなければならないという思いを新たにした」という感慨を述べる。

　その上で、訳者は「自分自身の知的資源と思考力をフル活用してとことん著者にくらいつき、著者と格闘する」力である読む力を「人一倍そなえた人間でなければならない」と、「自戒を込めて」優れた翻訳者に求められるスキルや姿勢を語っている。

（2016年2月20日開催の「公開セミナー」記事より）

デビュー作『中国発展のメカニズム』
中西真

　中西真さんは、中国発展のメカニズムを紹介し、その国づくり90年を振り返る、程天権著『日本人には決して書けない中国発展のメカニズム』（小社刊）を翻訳した。これは中西さんの書籍翻訳の第一作となった。

　体験文によると今回、原文が80ページ余りという自身にとって「生まれて初めての超大作」に取り組み、「訳語の統一」や「中国語に引きずられない」「日本語のボキャブラリーを増やす」などの点で苦労と工夫を重ねたという中西さん。

　作業を進めるうちに「そもそも翻訳には限界があるのではないか」「著者の言いたいことは分かるが、どうしても日本語に訳せない」といった翻訳の壁にもぶち当たったと振り返る。しかし「それでも翻訳しなければ中国人の思っていること、言いたいことが日本人に伝わらない」と思い直し、コツコツと翻訳に当たってきた。

　そうした翻訳で悩んでいたころ、昨年夏の「武吉塾」公開セミナーに参加し、「先輩訳者の苦労談等を伺ううちに、みんな同じ悩みや恐怖と戦ってきたんだと、翻訳を続ける勇気をもらった」。

　先輩や仲間たちの真摯な姿に後押しされて、無事1冊の本を訳し終えたと、中西さんは感謝の言葉を綴っていた。

　　　　　　（2016年2月20日開催の「公開セミナー」記事より）

デビュー作『中国人の価値観』
重松なほ

　重松さんは、古代から現代までの中国人を把握する、北京大学教授・宇文利著の『中国人の価値観』（同社刊）を翻訳した。重松さんが書籍翻訳を担当するのは、今回初めて。

　体験文に綴られた、一番大変だったことについては「著者の示した引用・参考文献で既に出版された日本語訳を調べること。文中に出てくる書物を一覧表にして、ネットや図書館、キンドルなども使って既訳を探しました」と定訳・既訳を確認する作業の苦労を打ち明けた。

　また本書の翻訳は「中国の歴史・文化を総復習でき、とても勉強になる作業」だったと振り返った上で、文章を推敲する過程においては時間の制約もあり、「武吉次朗先生の『こってり中華』から『さらさらお茶漬け』にというなめらかな日本語までいかず、固めのごはんぐらいかなと思っております」とユーモアと謙遜を交えながら、翻訳の出来について率直に告白。その上で、「今回の反省を生かして、これからも精進していきたい」と新たな抱負を述べていた。

（2016年2月20日開催の「公開セミナー」記事より）

IV
体験談 その2

武吉塾と出会い塾長に師事した
実り多い日々の回顧

武吉塾で必ず「好！」をいただく方法

佐々木惠司 （第18期）

地下鉄最終電車

目も鼻もぼやけた小人たちが
地下鉄のトンネルから出てきて
最終電車で眠りこけた乗客を
一人一人大きなガラス瓶に入れては
二人がかりで担ぎあげ
再びトンネルの奥へと消えてゆき

初めて読んだ中国SF
駒込図書館に通って一生懸命翻訳した
閉館時間まで粘って
夕食には松屋で食べたカルビ焼肉定食
そんな大事件があったにも関わらず
地下鉄には今日も乗客が吸い込まれてゆく

最終電車には乗っちゃあいけないよ
僕は叫ぶ、ガラス瓶の中から

　「第26回メトロ文学館」に応募した詩は残念ながら入選になりませんでした。

　メトロ文化財団公益事業部が募集している公募で、「東京に感じるあなたの心」をテーマに詩を募集しているものです。入選すればポスターにして地下鉄の中吊りに使っていただけたのですが、今回は残念でした。題材がちょっと特別だったからも知れません。

とは言えこれは本当の話です。もちろん翻訳のほうですよ。駒込の図書館に通って中国のＳＦ作家、韓松の『末班地铁』を翻訳したのは手許にある原稿によると2001年4月2日です。蛍の光に送られ図書館を出て、いつも松屋で食べたカルビ焼肉定食、美味しかったです。

神保町の内山書店で中国のＳＦ小説の本を何冊か買って、こんなおもしろい小説が日本ではほとんど紹介されていない、なんとか日本でも中国のＳＦ小説を紹介したいと思い、自分で翻訳することにしました。

短編集から十数編訳したところで自費出版を手がける出版社に持ち込んで見ていただいたら、担当の方からは確かにおもしろいので本にしたいが、翻訳者にも多額の費用負担をお願いしたいと言われ、経済的な理由で断念した経緯があります。

そういうわけで韓松の作品はまだ日本の書店の本棚には並んでおりません。ちょっと気になって読んでみたいという方はぜひ原書でお読みください。

中国のＳＦ小説については『中国科学幻想文学館』（上下）武田雅哉、林久之著（大修館書店）に詳しい解説があります。

小説の翻訳以外では薬膳の先生に頼まれて薬膳に関する中国語の本の一節を訳したことがあります。中国の料理本には必ずこの食材は体を温めるのか冷やすのか、効能も書いてあります。日本なら薬事法に引っかかるかも知れませんが、やはり中国は医食同源の思想が徹底していますね。

それから長年タバコ問題にも関わってきましたので、中国や

台湾のタバコ問題に関する記事を翻訳してときどき禁煙運動に関わる団体の機関紙などに載せていただきました。台湾の喫煙規制は本当に進んでいます。北京や上海でも屋内は全面禁煙の条例が施行されています。日本はタバコ規制に関してはまったく世界最低レベルです。

　英語やそのほかの外国語はまったく苦手ですが、中国語の翻訳に興味があったので英語から日本語への翻訳に関する本も何冊か読みました。どの本でも強調されているのは翻訳で重要なのは日本語だということです。武吉次朗先生の『日中中日　翻訳必携』にもありますが、代名詞をなるべく使わないというのは心がけたいことですね。

走出办公楼的时候，他看清了今晚的确是个月圆之夜。（《末班地铁》冒頭）
→会社のビルを出るとき、男は今夜が満月であることをはっきりと見た。（拙訳）

　必ず「好！」をいただく方法というタイトルにしましたが、看板に偽りあり、実はそんなにいただけておりません。難しい！　ここまでやったらきっと先生も「好！」をくださるはずだということを挙げてみます。

　原文をよく読みましょう。当たり前ですがよく読めばどの節がどこまでかかっているかという文法上の誤解による誤訳はおのずと減ってくると思います。

　言葉の意味をよく調べましょう。小説を訳してみた体験では本当に分かりきっている単語でも念のため辞書で調べた記憶があります。辞書を引けば思っていた意味と全然違う解釈が載っていたりします。

远方响起了隆隆声，灯光和凉风从隧道深处刮了过来。这每次都使他有点儿滑稽地想起武松夜过景阳岗。（《末班地铁》）
→遠くからごうっという音が響き，光と涼しい風がトンネルの奥からやって来た。男はその度に武松が夜中に景陽崗で虎退治をした話を面白く思い起こすのだった。（拙訳）

　原文には虎退治の話なんか一言も書いてありませんが、百科事典を引いたら（ネット環境なんかない時代でした）武松が水滸伝の登場人物で景陽崗というところで虎退治をしたということが出ていました。電車の出現から目を光らせた虎を連想したのでしょう。

　日本語でどう表現するか考えましょう。訳文を読む人は外国語の直訳を読みたいのではなく、自然な日本語を読みたいのです。原文に書かれてある内容を理解したら、それをどうやって自然な日本語で表現するか考えましょう。

　推敲するときは紙に印刷しましょう。実は私も時間に追われてできていませんが、細かなミスをなくすにはやはり紙に印刷したほうがいいと思います。パソコン画面上だけで完璧に推敲できるのは神さまだけです。

　毎日少しでも時間を作って取り組みましょう。ここが自分で

も一番できていないところです。前もって2週間分の課題文を
いただいていますので、あの短い文章を2週間かけて訳せばい
いのですか、実際には一つの課題を週末の数日で仕上げて提出
しております。分かっちゃいるけど……というやつですね。

　講評と参考訳文をいただいてから、もう一度翻訳し直してみ
るのもいいんでしょうね。余裕のある方はぜひやってみてくだ
さい。

　中文日訳とは離れますが、訳文をもとに原文を再現してみる
というのは中国語のいい勉強法だと思います。レベルは最高に
高いですけどね。

❀ 武吉塾との出会い ❀
桝矢薫（第3期）

　ある出会いが人生を変えることがあるならば、わたしにとってそれは武吉塾との出会いです。2009年に武吉塾を受講したことが、翻訳に真剣に取り組むきっかけとなりました。

　武吉塾はわたしが受講した3期まで池袋の小さな教室で開催されており、武吉先生と4名の塾生で膝を突き合わせて学べたことはとても幸運でした。

　武吉塾が通信制になってからは14期を受講しました。赤ペンで添削していただいた自分の訳文と参考訳文を読み比べると、たった一つの言葉の選び方次第で文全体の意味や印象が大きく変わることにがくぜんとしました。原文の内容を確実に伝えられるよう、思い込みにとらわれず妥協しないこと、そのための「原文の背景事情を把握すること」の大切さを学びました。今ではわたしも武吉塾でたたき込まれた「検索、検索、そして検索」を普段から心掛けています。

　武吉塾に入るまでは翻訳にルールがあることも知りませんでした。課題文を通して人名や数字、記号の扱い方など、プロの翻訳家として仕事をするための基本を学べたことは大きな収穫でした。武吉先生が『日中中日　翻訳必携』に書かれている「中文日訳　悪いクセ4点」は頭でわかっていても、つい意味が重複していたり、係り受けが不明瞭な訳出をしてしまうことがあ

ります。自分で自分の訳文を客観的にチェックすることは難しいので、チェックリストを作り、翻訳をした後に確認をすることにしました。『日中中日　翻訳必携』はまさに必携で、うまく訳せず困った時は決まって開きます。そうすると必ずヒントが見つかり、何度読み返してもわからなかった原文がスッと入ってきて、文脈に即した訳出ができるのです。

　わたしはこれまで、企業の社内文書の翻訳や、中国特許文書の翻訳などの仕事をしてきました。社内文書の翻訳は一言一句を忠実に訳すことよりも、中国語の原文では使われていない箇条書きでポイントを強調したり、実際に現場で使用されている用語を使ったり、必要に応じて加訳、減訳、倒訳をするなどしてわかりやすい訳出に努めています。そこでも武吉塾で学んだ「翻訳の基本的テクニック」が日々大いに役立っています。

　一方、特許翻訳では基本的には原文と一対一で対応するように、原文の構成を可能な限り維持することが求められます。例えば日本語の文章では通常使われないカンマ「，」や、セミコロン「；」を使った列挙表現もそのまま使用するので、文の構成を変えず且つ自然な日本語に訳すという難しさがあります。そのような時は、「日本語は肯定形より否定形を好む」や「日本人は自動詞好み」を意識して反訳や変訳をすると、しっくりくる日本語文に仕上がります。社内文書の翻訳と特許文書の翻訳は全くタイプが異なりますが、武吉塾で学んだ「翻訳にもTPOがある」ことを念頭に置いて、必要に応じて"信、達、雅"を使い分けるようにしています。

　特許翻訳に取り組んでいると、翻訳はつくづく孤独だと感じ

ます。複雑難解な技術用語ばかりの特許文書に尻込みし、図書館で関連書籍を手当たり次第に借りて読んだり、真夜中に一人で何時間もネット検索をしたりしてはひたすら暗中模索が続きます。そのような地味で孤独な作業の繰り返しである翻訳をなぜ続けるのか、それは翻訳者ならばきっと誰もが味わう、翻訳を通して新しいことを知り、世界が広がるという醍醐味があるからなのでしょう。苦労をして探し当てた訳語で得心のいく訳文に仕上がった時の至福は次の一文に進む原動力になります。

　翻訳の過程はいろいろなことに例えられますが、私にとっての翻訳は、中国語という歯車にぴたりと噛み合う日本語の歯車を見つけ、磨き上げること。歯と歯がうまく噛み合った一組の歯車が滑らかに進んでいくような感動があるからこそ、翻訳は楽しく、やめられないのです。その楽しさを教えてくださったのが武吉塾です。日中翻訳学院と武吉先生、そして塾生の皆さんとの出会いに感謝し、これからも苦しい翻訳に楽しく携わっていきたいと思います。

翻訳、一歩一歩

東滋子（第4期）

　2010年から武吉先生にお世話になりましたが、振り返ると
その月日の長さとともに、いつもお変わりなく必ず決まった曜
日にメールと添削を返してくださったご苦労はどれほどだった
かと思います。私はときどき休塾することもありましたが、お
かげさまで続けることができました。先生の翻訳への情熱が
「何かが足りない」「あと少しの工夫を」と私の気持ちをかき立
てる後押しをしてくださっているからです。

　先生の添削には、いつも中国語のみならず、言葉に対する厳
しさを感じずにはいられませんでした。毎回、金曜日に手元に
届く封筒の記念切手に見とれる間もなく、封を切るその瞬間は
いつでもドキドキするものでした。忙しさに紛れ、慌てて提出
した訳文の時ほど、先生の赤ペンの修正箇所は多くなり、翻訳
の厳しさを1枚の添削から教えてくださったのだと思います。
私の持ちうる知識の不足、その時の心の余裕のなさまで、まさ
しく何もかも見透かされていたのでしょう。「翻訳は自分をさ
らけ出す作業なのだ」とうなずかされます。

　今までも「これで絶対大丈夫だ」と満足できる訳文ができた
ことはありませんでした。

　先生がいつかおっしゃった「没有最好，只能争取更好」とい
う言葉こそ、私に向上心を忘れないよう励まし続けてくれてい

る言葉です。

　勉強を続ける日々のなかで、出版させていただく機会に恵まれました。1冊目の『中国の未来』はただ訳すという作業に手いっぱいでした。今でも穴があったら入りたいほどです。初めての出版翻訳であり、戸惑うこともありましたが、一方で書籍が初校から校了まで手を入れながら作られていく過程を目の当たりにしてとても感激しました。ただその感激は一瞬のものであり、校正のたびに「なぜこんな訳をしたのか」「こんないい加減さでは恥ずかしい」と自分の甘さに腹立たしくなることもありました。まるで大海を一人漂っているような私でしたが、段躍中編集長や細部まで目を通してアドバイスしてくださった編集の皆様にはお世話になり、心より感謝申し上げます。

　2冊目の『小さなぼくの日記』は散文ということもあり、訳し進めるにつれて作品そのものへの思い入れも一層強くなりました。著者の気持ちと重なる部分も多く、今の自分と同じ喜びや悲しみが見えて、たった一つの文に考えこむこともありました。1930年代に書かれた作品ながら、中国という国、時代という背景を飛び越えて、文字を通して作品の世界に入り込み、中国語という言語を手段として著者の心に直接手で触れるような感覚を覚えました。この時ほど、中国語、言語を理解するありがたさ、すばらしさを感じたことはありません。

　私は子どものころから本の世界が大好きで、傍らにはいつも図書館から借りてきた本がありました。それゆえに出来上がった本の手触り、ページをめくる楽しさを想像しながら翻訳を進めるのはこの上ない幸せでした。机を離れていても外を歩いて

いても「いい訳はないか」「もっとぴったりの訳があるかもしれない」と探している時間、ひとつの世界に没頭できる時間はぜいたくな時間そのものでした。

　そんな私は以前から自分を「活字中毒」だと勝手に思っていました。人並みには新聞や本を読み、出かける時には文庫本を手にし、新聞の書評もチェックして、広告やCMのキャッチコピーのうまさにうなることもあります。

　しかし、武吉先生の下で勉強させていただくうちに「活字中毒」、それだけでは全く役に立たないと気づかされました。中国語以外にも知らないこと、わからないこと、誤解していたことがなんと多いのかと実感したのです。読み手にしっかり伝えてこそ言葉と文章は成り立つものであり、読まれなければただの紙くずです。正確さ、丁寧さはもちろんのこと、読み手に与える印象まで考えて意識する大切さを教えられました。加えて切れ味ある文章にするにはどうしたらいいのか、原文の持ち味を損なわずにその場の雰囲気をありのままに表現するにはどうすればいいのか。ゴールはどんどん遠のくようにも見えます。

　ただ最近私は翻訳という世界を知れば知るほど、「活字中毒」ならぬ、良い意味で「言語中毒」でありたいと思うようになりました。先生は「そのまま新聞に掲載できる文章を」とおっしゃいます。これはなかなかのレベルです。昨今の乱れた言葉やひとことで気持ちを表すような言葉があふれた日本で、私たち言葉を扱う者としてはやはり心すべき大切な道しるべだと思います。そのためにも言葉に敏感になり日本語に磨きをかけることで、表現力も高められ、それがまた翻訳への新たなエネルギ

ーとなってくれるのではないでしょうか。

　こうして翻訳に携わることができる日々を送るなかで、武吉先生の教えは、おこがましい言い方をすれば、未熟な苗木だった私の枝を伸ばし、いろいろな方向へさまざまな形の葉を1枚また1枚とつけてくださっていると感じています。まだまだこれからも先生のお力をお借りして、自分の力も精一杯注ぎながら枝葉を伸ばし、いつか大きな実りを得られる日を目指して努力を重ねたいと思います。

🔷 中国語と武吉塾とわたし 🔷
藤村とも恵（第４期）

　武吉塾には第４期から第17期まで、途中何期かお休みを挟み長いことお世話になりました。わたしが武吉塾で学んだこと、それは翻訳の基礎の基礎から実践に至るまで、翻訳に関することすべてです。

　わたしは夫の中国広東省深圳市への転勤がきっかけで中国語を学び始めました。当時すでに30歳、錆びた脳をフル回転させながら苦労して学ぶ途中で言葉の面白さに気づき、翻訳に興味が湧いたのです。

　雑誌「中国語ジャーナル」（2013年に休刊）の誌面で武吉先生の「楽しい翻訳教室」というコーナーに初めて出会ったのは、2007年マレーシア赴任中のことでした。誌面に投稿したかったのですが、中国語のレベルは低いし勉強方法もよくわからない、ネット環境も悪いといったことが相まって、半月遅れで届く雑誌にただ目を通すだけでした。2008年に熊本へ転勤となってから初めて誌面へ投稿しました。コーナーのスタイルは現在の武吉塾とほぼ同じだったと記憶しています。自己流の訳文は相当ひどく、思い出すことさえ恥ずかしい見事な「文字搬家」でした。その後、誌面に武吉塾の通信講座開講のお知らせが掲載されたので飛びついて申し込みました。それが武吉塾第４期でした。転勤が多く、自宅も地方にあるわたしにとって、ネットで学べることは大変有難く、また翻訳練習は孤独な作業だったので、顔は見えませんが何十名もの仲間と勉強できるこ

とを大変うれしく、また心強く感じました。毎回講評で他の方の訳語や訳文を拝見できることも学ぶ上でとても参考になりました。

　毎週届く先生の赤ペン添削を見るたび毎回落ち込みましたが、それがまた原動力となって次はもっと適切な言葉と表現ができるようになろう、と自分に活を入れ続けました。先生が紹介してくださる辞書などは全て手にして、アドバイスはできる限り消化するようにしました。ですが急に実力が付くわけもなく、先生の辛口の講評がズバリ自分の訳文にあてはまっていた時は、空っぽの頭をのぞかれているようで一人恥ずかしくてたまらない思いをすることがたびたびありました。苦手な経済分野の訳文では意味が通らない文になってしまいがちで、そのことをいつもメールに書き添えていたら「翻訳する場合、苦手だからでは済まされないでしょう」という意味合いのご返信をいただいたことが強く印象に残っています。

　2012年12月に夫が深圳市へ再赴任となったため、第10期からは中国で受講、ワードで添削したものをメールで返信していただきました。「楽らく対訳」などの資料は別途エアメールで郵送、一時帰国した際には日本の住所へ送っていただくなどして先生にお力添えいただき十七期まで受講しました。

　その間、2015年に豊子愷児童文学シリーズの「少年音楽物語」、2016年には同「わが子たちへ」を翻訳するチャンスをいただきました。初めての図書翻訳については以前体験談にも書きましたが、自分のレベルを知っているだけに不安の方が大きく、泳ぎを覚えてようやく一人で少し泳げるようになった途端大海原に投げ出されてしまったような心細さを感じました。紆余曲折を経て、結局たくさんの方に助けていただき出版に至り

ました。改めて皆さまに感謝いたします。反省点を挙げればキリがありませんが、一番の失敗は1作目のタイトルです。シリーズ中の他の本と合わせた方がいいのだろうかなどと考えすぎ、何の工夫もせず仮タイトルにしたつもりがそのままになってしまいました。武吉塾の初めての課題でも、タイトルがうまくつけられずに後回しにした結果つけ忘れて提出してしまった、という苦い経験もあります。未熟なわたしにとって本一冊を翻訳するという作業は大変でしたが、大変貴重な体験となりました。思い切ってチャレンジしなければ未だに「語学の踊り場」でもがいていたことでしょう。

　2018年4月に日本へ帰国となった現在、駐在時よりお手伝いしていた華南地区の日本人向けフリーペーパーの翻訳を担当しています。広告翻訳が主体なので武吉塾で学んだ内容とは全く違いますが、原文から離れられず、日本語力をもっと磨く必要があるわたしにはちょうど良い経験をさせていただいています。

　武吉塾でさまざまな翻訳課題文を練習することで言葉の意味、語彙の使い方などを徹底的に調べて丁寧に確認するようになりましたし、全ての文章をとことん読み込んで自分の頭の中で理解するようになりました。新聞記事もできるだけ入念に読むようにしています。意識しなければいつまでも好きな文章しか読まなかったと思います。

　今でも悪いクセは頑固に抜けませんが「活到老学到老」を貫き、「信、達、雅」の「雅」にいつの日かたどり着けるように、楽しみながら翻訳をずっと続けていきたいと思っています。武吉塾に出会えたことに感謝、「翻訳という作業は厳しい、だが楽しい！」ことを教えてくださった武吉先生に「感謝不尽！」

❀❀ 武吉塾と私 ❀❀
本田朋子（第4期）

　武吉塾と私の出会いは2010年4月。受講は今年で9年目を迎えました。翻訳関連の仕事は不定期で日本僑報社の図書翻訳のお手伝いをさせていただいております。

武吉塾の思い出

　武吉塾の思い出はいろいろあり、すべてを書ききれませんが、中でも印象深い2012年10月に開催された武吉先生の傘寿のお祝いパーティーの思い出について書いてみたいと思います。

　パーティーが始まり、乾杯や挨拶がひとしきり終わると、武吉先生はご自身のこれまでを振り返りながら、おもむろに赤い表紙の冊子『毛沢東語録』を取り出しました。本物を見るのは初めてで驚いていると、それにはなんと周恩来、郭沫若の直筆サインが書かれており、武吉先生が周恩来と言葉を交わした時の様子など、大変興味深いお話を聞くことができました。また、中華人民共和国建国15周年の祝賀会に招かれ、その席には毛沢東、劉少奇、周恩来ら当時のそうそうたる顔ぶれが揃っていた、というエピソードを伺い皆がどよめいていると、さらに、1枚の写真を見せてくださいました。そこには鄧小平と武吉先生が写っているではありませんか。通訳中に撮影されたものだそうです。目の前にいる武吉先生があの鄧小平の隣で通訳をし

ていたなんて、何も知らずにこれまで武吉塾にいたことがとても恐れ多くなってしまいました。

　国交正常化以前から長年日中関係に関わってこられた武吉先生の歴史を感じ、翻訳の技術だけではなく武吉先生を通じて日中関係の歴史までも肌で感じられた気がしました。このような体験は武吉先生のもとで学んでいたからこそだと思います。

武吉塾での成果

　私は武吉塾で学び続け、目標としていた図書翻訳にチャレンジし、これまで4冊の本を翻訳することができました。翻訳活動に関しては困難がたくさんあり、心が折れることも多々ありました。しかし武吉先生をはじめ、家族や友人、塾生や出版社のみなさまに応援していただき、乗り越えてこられたと思います。本当に感謝の気持ちでいっぱいです。

　ここで、初めて翻訳した本が出版された後日談をひとつ。私は学生時代、中国関連の本を探すために神田神保町の書店街によく通っていました。初めて翻訳した書籍の発売後、もしかしたら自分が翻訳した本が店頭に並んでいるかもしれない、という期待を胸に、行きつけだった書店へこっそり見に行きました。店に入ると自分が翻訳した書籍が目の前の棚に平積みされているのが目に飛び込んできました。その信じられない光景に、静かな店内で思わず「おおっ」と声をあげてしまいました。

　学生時代の自分は、翻訳家への憧れこそあれ、将来自分の署名入りの本が店頭で販売されることになるとは、夢にも思っていませんでした。書店で自分の翻訳した書籍を手に取ってみて、

うれしさとともに図書翻訳という仕事に一層誇りと感動を感じることができました。「武吉塾であきらめずに学び続けてきてよかった」と思える出来事でした。

　今後も一層励み、武吉先生の門下生として恥じることのないよう、日々精進していきたいと思っています。20期にわたる武吉先生の熱心かつ温かいご指導に心より感謝申し上げ、先生のますますのご健康とご長寿をお祈り申し上げます。

武吉塾で学んだこと
町田晶（第3期）

受講歴

　第3期、第4期、第8期を受講しました。また、スクーリングへの参加、有志による『武吉塾会報』の編集など、いろいろな形で武吉先生の教えに触れることができました。

現在の翻訳の仕事

　普段携わっているのは工業系の翻訳です。技術的かつ専門的な内容のものを任されており、訳文はクライアントに高い評価をいただいています。

武吉塾でレベルアップしたこと

　講評は特に、レベルアップに役立ったと思います。単なる誤訳のない訳文ではなく、日本語としてより自然な、伝わりやすい訳文を作れるようになるための知恵がたくさんつまっています。他の塾生がどのような訳をしているのかといった内容も大いに参考になりますし、自分の中の訳語の引き出しを豊かにするのに役立ちます。

一番の収穫

　武吉先生の弟子となって、翻訳技術のレベルを大きく向上させることができたのはもちろんですが、それ以上に先生のすば

らしい人間性から学ぶものが大きいです。私が初めて先生にお会いしたのは、武吉塾がまだ通信制ではなく池袋の日本僑報社で行われていた教室だった頃のことです。生徒は毎週池袋に通える範囲に住んでいる人達ですからごく少数で、とてもフレンドリーな雰囲気でした。

　先生は通常の授業以外にも、日本と中国の間に立って通訳をされていた頃の御経験を話してくださったり、当時の貴重な写真や資料を披露してくださったりし、私たちはそれを「お宝」と呼んでいました。先生のお話があまりに興味深いものだったので、たった数人の生徒だけで共有するのではなく、もっと多くの人に知ってもらいたいという話になり、では先生に原稿を執筆していただき、それを核に『武吉塾会報』を発刊しようとなりました。その頃には私もすっかり武吉先生のファンになっていましたので、自らすすんでその編集に加わることにしました。

　このような経緯で始まった『武吉塾会報』はついに10号を迎えようとしていますが、『会報』の編集作業、打ち合わせ、懇親会などを通し、先生と親しくお付き合いさせていただけるようになった事は本当に幸運でした。中国東北部で生まれ育ち、過酷な肉体労働を生き抜いた時代のお話、日中翻訳・通訳について参考にできる本など何もなかった時代に自分の力だけで翻訳・通訳のスキルを確立されていったお話、国交成立以前から日中間の重要な舞台で通訳をされたお話など、先生の経験談にはただただ敬服するばかりでした。

　『翻訳必携』にも書いてありますが、先生の教えのひとつに、通訳・翻訳者はつねに自らの素養を高める努力をしなければいけないというものがあります。話者がすばらしい学識と豊かな

語彙を有する人であっても、通訳・翻訳者のレベルが低いので
は十分な訳ができないからです。先生はいつも優しく謙虚で、
後進の育成にも熱心で、まさにすばらしい人格を備えられた通
訳・翻訳者だなあと常々感じます。自分の進んでいく道を考え
る時、目標とできる人が身近にいることは本当に幸運ですし、
このような先生に巡り会ったことこそが武吉塾での一番の収穫
です。

仕事で役に立っていること

　特に「不訳（あえて訳さない）」の技術が自然な日本語訳を作
る上で役立っています。始めは「不訳」なんてしたらクライア
ントから原文の見落としだと指摘されるのではと思いましたが、
実際に翻訳の仕事をしてみると、中国語の単語をすべて訳した
のでは大変くどく読みにくい日本語になることがわかります。

　言語としての性質上、中国語を日本語に翻訳すれば字数がか
なり増えますが、この字数をどれだけ抑えられるかで翻訳者の
力量がわかるということも教えていただきました。今では常に、
どれだけ少ない言葉で収めるかという事を意識するようになり
ました。

もっと訳してみたかったジャンル

　台湾や香港の文章です。大陸の文章であれば、辞書も充実し
ていますし、インターネットでの調べ方も知っているのですが、
台湾や香港の文章の中には大陸で使われる「普通話」とは異な
る言葉遣いや単語がしばしば登場し、困ることがあります。こ
のような時、他の翻訳者はどのように解決しているかを知りた

いです。

書籍翻訳

　チーグアン・ジャオ著『悩まない心をつくる人生講義』の翻訳を担当させていただきました。本書の翻訳が様々な方面から高い評価をいただいたことは望外の喜びでした。

　この本は中国古代の道家思想をテーマとしていますが、けっして古臭く堅苦しい内容ではなく、ストレスの多い現代社会を軽やかに生きるための知恵がつまった非常におもしろい内容です。私自身大学院で中国思想を専攻していたので、道家思想に対する基本的な知識はあったのですが、現代的な視点を取り込んだジャオ氏のオリジナリティあふれる解釈はとても興味深く、しばらく忘れていた道家思想の良さを久しぶりに再認識させられました。

　訳出作業では、折に触れて武吉先生が推薦されている『語感の辞典』や類義語辞典をとにかく何度も引きました。自分の訳語に自信がある場合でもない場合でも、まずはいくつかの訳語を挙げ、その中からベストと思われるものを選ぶよう心掛けたのです。この作業は訳文の品質アップにかなり役立ったと思います。

　反省点としてはやはり語彙不足が挙げられます。話者がいつの時代の人か、年齢はどのぐらいか、どのような素養を持った人間かで発する言葉は異なりますから、翻訳者は自分の中に様々な語彙を蓄えておかなければなりません。そのためには日頃から様々な文章を読み、様々な人の発する言葉に意識して耳を傾けることが大事だと思います。

武吉先生に師事して
鬼頭今日子（第4期）

　武吉先生との出会いは全くの偶然でした。2002年3月、上海での仕事を辞めて大阪に戻り中国語の非常勤講師をしていた頃、大学時代のK先輩に誘われ大阪市内の中国東北料理店で初めてお会いしました。先生は当時、摂南大学に勤めながら大阪南森町にある中国語学院で中文和訳の講座を開いていました。そちらの社会人受講生達が先生の人柄に惚れ、同学院の講師を辞められてからも級長格のEさんらが尽力し、近所の公民館で夜間クラスを月1回開講していました。

　その食事会には先生となじみの学生さんの中に私のような初めての人間も混ざっていましたが、先生は最新論文を持参され皆さんに渡し、誰もが楽しく交流できるよう気配りされていました。若い頃の苦労や通訳者としての経歴などその言葉の端々から分かるキャリアのすごさに私もすっかり魅了され、その場で夜間クラスへの受講を申請しました。

　先生は2003年3月に摂南大学を定年で退き、千葉県の自宅に戻られるのが既に決まっており、私にとってはわずか1年間の夜間クラス受講でしたが、本当に楽しかったです。

　ある日の講義で、先生が朱鎔基首相の全人代記者会見での問答をよどみなく訳されるのを聞きながら、なぜこんな風に一字一句正確に訳出し、しかも日本語として滑らかに、かつ発言者の迫力（朱首相の決意）までも再現することができるのか、言

葉を失いました。いまだにあの時の感動は忘れられません。どうすれば、このようになれるのか、私の通訳者としての目標は、あの時に定まったような気がします。また講義後は必ず居酒屋「百番」に行って、ワイワイおしゃべりしながら楽しいひとときを過ごしました。他にも課外活動で摂南大学の研究室を訪問したり、忘年会などを一緒に企画し、当日は必ずカラオケまでフルコースでお付き合い下さいました。級長のEさんと先生は年齢も近く本当に仲のいい友達のようで、クラスのみんなを明るく楽しく2人でリードしていました。ある時、楽しい会も終わり私たちと先生が別方向に帰るため各々待っていると、先生の乗る電車が先にやってきました。向かいホームにいた先生は乗車すると私たちが見える扉の所にまっすぐ立って、列車が見えなくなるまで手を振って下さいました。その実力と学識のみならず、私たちは先生のそのような人柄に魅了され、長い間先生の元で学び続けているのだと思います。

　その後、人生のご縁というのは不思議なもので、冒頭のK先輩の仕事を引き継ぎ、私は2006年初夏に中国語講師を辞め、京セラ株式会社で中国に関わる業務に就くことになりました。転職が一段落して先生へ近況報告をメールすると、すぐにお返事をくださいました。「貿易団体の仕事から教員に転じた私と、逆の道を歩んでおられるわけですね。私の経験によれば、企業や団体の仕事で決定的なのは、チームワークです。上司や同僚との「和」というか、息の合った作業が不可欠で、常に他人の特徴や優れた点を見るクセを付けられるよう、お勧めします。でも、鬼頭さんの持ち前のバイタリティーで、きっと乗り切っていかれることでしょう。」

　読み返してみて、初心を忘れていた自分を恥ずかしく思いました。学生ひとりひとりの個性に寄り添い、必要なアドバイスを下さった先生に改めて感謝します。

　2007年頃より「翻訳の通信添削」への参加を勧めていただきましたが、仕事にかまけてなかなか受講できず、とはいえ業務では中国語の実力不足を痛感する日々を送っており、2010年春から日中翻訳学院武吉塾が通信講座の形式で開講するという知らせを受け、ようやく再度、先生の指導を受け始めました。

　しかし、第4期の通信講座開始から第19期までの自分の課題文提出状況を振り返ってみると本当にひどいものです。当初から期日遅れの提出が続き第5期は途中で挫折して修了できませんでした。しばらく受講を止めてしまいましたが第9期から再開し、その後は仕事の都合で第16期を休みましたが、なんとか第20期まで続けることができました。

　また、少しは先生の教えに恩返ししたいと考え、仕事の中で感じた通訳、翻訳のエピソードやこぼれ話をまとめ、武吉塾会報の第6号から毎回投稿させてもらっています。

　課題文の翻訳は、いつも自宅に帰って食事をしてから取り掛かるため睡魔との戦いです。仕事の合間に単語を調べたり、昼休憩中にこっそり空き部屋に籠って音読しますが、基本は夜の作業となります。調べ方が足りないと、もう添削結果に顕著に表れます。逆に時間の余裕ができて文章に凝ったり、自己陶酔すると、これまた大した評価はいただけません。

　私には「です、ます」と「である、だ」の文章の区別がつかないという悪習があり、かなり緊張して直してはいるのですが、いまだに全く自信がありません。時間がない、あるいは面倒く

さくなって（半分やさぐれている）チェックせずに送れば、先生から非常に厳しい指摘の添削が返ってきます。本当に毎期数回は直されているのに、成長・改善がみられず、「一発検索文章修正ソフト」みたいなのものがないのだろうかと、心から思う日々です。

のみならず数字の間違い（なぜお前はそう書き写すのか！）、訳抜け（どうしたら見落とすかなぁ）、おかしな句読点の付け方（どうしてそこで休むか）、そしていつまで経っても直らない「です、ます」「だ、である」の混同……、ハッキリ言って翻訳以前の問題なのです。

意味を取り違えての誤訳なら、悔しい思いをして、しっかり反省し、次に繋げたいという原動力になります。しかしこれらの陋習はむしろ年を経るにつれて酷くなっているようです。なんとか武吉塾を受講し続けることで自分の翻訳文章のレベルを落とさないようにしている、そんな気持ちです。

今回の第20期をもって、武吉先生は添削・指導の第一線から退くと伺いました。しかし先生が長年育ててきた優秀な学生が数多くおられます。その中でも常に優秀な成績を修め、書籍翻訳の実績もあるお弟子さんが中心となって、今後も「武吉塾」は続くと伺い、安堵し、心から喜んでおります。引き続き、私にとって必要不可欠な翻訳ブラッシュアップの場として、この先生の志を受け継ぐ塾で勉強したいと思います。これからもどうかよろしくお願いします。武吉先生という学びの磁場は、今までもこれからも、多くの中国語学習者を引きつけてやまない場所なのです。

付録①──武吉塾「翻訳新人賞」受賞者一覧

	受賞作品	受賞者名
第1回	中国の未来	東滋子
	中国のグリーン・ニューディール	石垣優子、佐鳥玲子
第2回	大国の責任とは	本田朋子
	人民元読本	森宣之
第3回	中国発展報告─最新版	平間初美
	中国出版産業データブック vol.1	井田綾、舩山明音
	一角札の冒険	小室あかね
第4回	目覚めた獅子	森永洋花
	少年音楽物語	藤村とも恵
	現代中国カルチャーマップ	脇屋克仁、松井仁子
	日本人には決して書けない 中国発展のメカニズム	中西真
	中国人の価値観	重松なほ
	中国による平和	林永健
	チャイニーズドリーム	速水澄
	博士と幽霊	柳川悟子
第5回	悩まない心をつくる人生講義	町田晶
	中学生小品	黒金祥一
第6回	「一帯一路」詳説	川村明美
	中国集団指導体制の 「核心」と「七つのメカニズム」	安武真弓

日中翻訳学院「武吉塾」
第19期修了式・公開セミナー開催

　日本僑報社・日中翻訳学院は、翻訳家の武吉次朗先生が講師を務める中文和訳の通信講座「武吉塾」の第19期公開セミナーを2018年2月17日（土）午後、東京・池袋のIKE・Bizとしま産業振興プラザで開催した。

　全国各地から武吉塾の受講生を中心に約30人が集い、武吉先生の翻訳講義を始め、第6回「翻訳新人賞」の授与式、受講生交流会に至るまで、充実したひと時を過ごした。

　会場の後方には、人民中国に年間連載された町田晶さんの訳文『悩まない心をつくる人生講義─タオイズムの教えを現代に活かす─』を掲示。

　また、日本僑報社の段躍中編集長の冒頭の挨拶では、日中翻訳学院の翻訳チームが手掛けた大作『中国政治経済史論』が、毎日新聞掲載の書評で橋爪大三郎氏に高く評価されたことが紹介され、学院にとっては実りのある半年であったことがうかがえた。

　恒例の武吉先生による講義は、「語感の違いについて」と題して進められた。普通の辞書に載っている「意味」とは異なり、同義語や類義語の微妙なニュアンスの違いを感じ取る能力を指

す「語感」の重要性を、武吉先生はバラエティに富んだ例を交えながら説いた。

　工場を「こうじょう」と読めば大規模なものを、「こうば」と読めばこぢんまりとしたものを想像させるといった例に始まり、「ライスカレー」と「カレーライス」の解釈の違いには個人差や世代のギャップがあるという話が続く。「敗戦」と「終戦」の違いに言及した際には、「敗戦後の辛酸をなめ尽くした私は『終戦』というごまかしのあいまいな用語は大嫌いで絶対に使わない」とも語った。

　中国語の翻訳でも語感の違いに留意するべきとの指摘があった。中国では100km以上内陸であっても"沿海地区"と言うほか、"運動会"はオリンピック級の大規模スポーツイベントにも使われるように、日中間での捉え方の違いが翻訳の落とし穴になると注意を促した。また、「語感の違いを感じ取れるように、日頃からものの見方を細かく磨く癖をつける」ことが重要であると助言した。

　続いて第6回「翻訳新人賞」の授与式が行われ、川村明美さん、安武真弓さんの両名に同賞が贈られた。また、旧正月2日目というタイミングにちなみ、両名にはそれぞれ賞金3万円が中国のお年玉袋"紅包"で贈呈された。段編集長は祝福の言葉を述べるとともに、「一作目の苦しみを乗り越えてこそ道が開ける」と、受講生にエールを送った。

　王義桅著『「一帯一路」詳説』を訳した川村さんは、子育ての傍ら、「寝ても覚めても『一帯一路』のことでいっぱいだった」と、政治、経済等の専門用語で試行錯誤した8カ月にも及

ぶ翻訳作業を振り返る。そして、「自戒の意味も込めて、賞状は目立つところに飾る」と意欲を語った。

　胡鞍鋼・楊竺松著『中国集団指導体制の「核心」と「七つのメカニズム」』を訳した安武さんは、仕事から帰った後の午後9、10時から深夜まで、疲れた体に鞭を打って翻訳にいそしむ日々が続いた。終盤で訳のミスに気付くこともあったといい、「先の章を見据えて一章ごとに見直す」ことをポイントに挙げた。

　最後に、武吉先生を囲んで受講生による交流会が開かれた。和やかな雰囲気の中、全員が近況報告や今後の抱負を語り合った。経験にこそ差はあれ、翻訳に対する熱意とプロ意識は共通事項。そして次回の第20期が、武吉先生が指導する最終回とあって、先生に対する感謝の言葉が並んだ。武吉先生はセミナー終了後、「受講生の話を聞いている時が一番楽しいし元気が出る」と、満足げに振り返った。

　また今年、日中翻訳学院は創設10周年の節目を迎える。これを記念して、日本僑報社は、中国で話題の書『習近平講故事』の日本語版を刊行すると発表した。学院では数十名規模の翻訳チーム結成のため、翻訳者を募集する。段編集長は本書について、「武吉先生の名前を永遠に残すため、総監修をお願いする」とし、次回の公開セミナーが行われる時に先生に手渡すことを約束した。

（報告者、高橋豪）

付録③──橋爪大三郎先生『中国政治経済史論』書評

（毎日新聞 2018年1月14日）

MAINICHI
毎日新聞
2018年
1月14日

橋爪　大三郎　評

中国政治経済史論　毛沢東時代（1949〜1976）

胡鞍鋼著（日本僑報社・1万7280円）

データで明らかにする新中国の骨格

アメリカを抜く、世界最大の経済に迫る中国。その波乱の現代史を、指導者らの裏側を織り込んで構成する一冊。分厚い二巻本の前半、毛沢東時代の部分が今回訳出された。

著者・胡鞍鋼教授は、中国指折りの経済学者。文化大革命の最中に東北の農村で七年間の辛酸をなめ、入試が復活するや猛勉強で理工系大学に合格。その後経済学に独学でマスターし、認められて米国に留学、帰国後は清華大学のシンクタンク「国情研究中心」を舞台に、膨大な著書や提言を発表し続けている。中国の経済は政治と不可分で、それを熟知する著者は、党や政府の幹部に向けた政策レポートを書き続けるうち、政治経済学者と密接不可分な関係を検証するという「歴史」研究こそ経済の本質に届くのだと思い定める。そこで、文化大革命がどういう原因で生じ、どれだけ災厄をもたらしたか、また改革開放がいかに少奇の打倒を決意する。資本主義復活を企む実権派としいう、胡教授がダメージを与えた。胡教授の推計によると、長期潜在成長率九・四％に対し△一九五七〜一九七八年が五・一四％で△人民政策決定の誤りによる経済損失は、経済成長率の三分の一〜四分の一に相当する△という。このほか、教育機会を奪われた人材の喪失や人心の荒で、どれだけ成長をも可能となり、どれだけ成長をもたらしたかを、政府統計や党の文書を精査して洗い出した。信頼すべきデータと方法に基づきつつ新中国の政治経済史の骨格を明らかにする。本格的な業績だ。

△毛沢東個人の意思が全てで可決した決議とぶつかった時は前者が優先され、指導者個人が党を凌駕し始めた△。文化大革命の前奏曲は、大躍進だった。経済を理解しない毛沢東がソ連と張り合って、十五年で英米に追いつくとぶち上げた。党中央は熱に浮かされた。ノルマは下級に伝えられるたび膨らみ、無能と思われないため水増し報告が積み上がった。大飢饉が始まり、餓死者は一千五百万人に達した。劉少奇は人民公社を立て直し、人民公社の食堂の食べ放題も輪をかけた。大躍進の責任を追コミれた毛沢東は深く恨み、劉

年で英米に追いつくとぶち上げた。党中央は熱に浮かされた。ノルマは下級に伝えられるたび膨らみ、無能と思われないため多くの役員が悲惨な運命に見舞われた。この残虐な党のあり方を深刻に反省した鄧小平は、のちに改革開放を始めた直接的動機えるかの骨格を頭に刻んだ。毛沢東時代をどう評価すべきか。△一九五二〜一九七六年の間に二葉総生産は二十倍に増加し、年平均成長率は二・三

鄧、社会秩序の混乱も深刻だった。毛沢東の失政がもたらしたのは社会秩序の混乱だった。毛沢東の失政がもたらしたのは体制の欠陥だと著者は言う。指導者の終身制、党規約の空文化。△「文化大革命」は鄧小平の改革開放を始めた直接的動機でもあり、政治的・社会的安定を保つことができた根本的要因で現在でも「教訓」な問題で、現在でも「教訓」な問題である。胡教授の歴史的評価は公平に、客観的・科学的に、この問題を過ごした経験と、経済学者としての見識に基づき、党関係の膨大な資料を読み抜いた本書は、待望の中国の自己認識の書だ。日本語訳も正確で読みやすい。中国関連の必須図書として、全国の大学や公共の図書館に一冊ずつ備えてもらいたい。

（日中翻訳学院　本書翻訳チーム訳）

■編著者　武吉次朗（たけよし じろう）

1932年生まれ。1958年中国から帰国。日本国際貿易促進協会事務局勤務。1980年同協会常務理事。1990年摂南大学國際言語文化学部教授。2003年退職。2008年より日中翻訳学院にて中文和訳講座「武吉塾」を主宰。

主な訳書・著書（小社刊）に『新中国に貢献した日本人たち』2003年、『続・新中国に貢献した日本人たち』2005年、『日中中日翻訳必携』シリーズ2007年〜。

日中中日翻訳必携 実戦編Ⅳ ──こなれた訳文に仕上げるコツ

2018年10月1日	初版第1刷発行
2021年6月6日	初版第2刷発行
編著者	武吉次朗（たけよし じろう）
発行者	段 景子
発行所	株式会社 日本僑報社
	〒171-0021 東京都豊島区西池袋 3-17-15
	TEL03-5956-2808　FAX03-5956-2809
	info@duan.jp
	http://jp.duan.jp
	中国研究書店 http://duan.jp

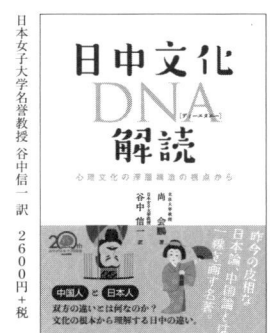

★鈴木泰 東京大学名誉教授 ほか 推薦！

大東文化大学名誉教授 高橋弥守彦 著 3600円＋税

中日対照言語学概論
その発想と表現

好評開講中「高橋塾」講師の最新研究書

構文・連語・単語各レベルにおける中日両言語の関係を分析。中日両言語の違いを知り、互いを理解するための一助となる言語学概論。

ISBN 978-4-86185-240-4

★後藤田正晴 故・元副総理 推薦！

中国中日関係史学会 編著 武吉次朗 訳 2800円＋税

新中国に貢献した 日本人たち

知られざる「真の中日友好史」

戦後中国に留まり、新中国建国に身を捧げた日本人たちがいた。日中両国の無名の人々が苦楽を共にし、友情と信頼を築き上げた無数の事績。

ISBN 978-4-931490-57-4

★全ページカラー印刷

小島康誉、王衛東 著 本田朋子 訳 1800円＋税

新疆 世界文化遺産図鑑

シルクロードの光彩を巡る写真集

世界文化遺産に登録されたシルクロードの「天山回廊」から、新疆の6遺跡を収録。その背後には遺跡保護に尽力する日本人の姿があった。

ISBN 978-4-86185-209-1

★全ページカラー印刷 日本図書館協会選定図書

王麒誠 著 本田朋子 訳 980円＋税

新疆物語
絵本でめぐるシルクロード

中国ベストセラー絵本、日本初上陸！

日本人の知らない「中央アジアの玄関口」新疆。悠久の歴史ロマンや伝統文化、特色ある教育制度、近年急速に発展する経済など絵本で紹介。

ISBN 978-4-86185-179-7

趙啓正・呉建民 著　村崎直美 訳　日中翻訳学院 監訳　1900円＋税

中国式コミュニケーション の処方箋

なぜ中国人ネットワークは強いのか

中国で「コミュ障」急増中!?　中国人エリートのため開かれたコミュニケーション力アップのための特別講義を書籍化した中国版「白熱教室」。

ISBN 978-4-86185-185-8

★完全日中対訳版　加藤直人 著　1900円＋税

激 動 中 国

中国人記者には書けない「14億人への提言」

「変わりゆく大国」の素顔

足かけ十年、中国特派員として現地で取材し続けた筆者による中国コラム・論説65本を厳選。政治から社会問題まで皮膚感覚で鋭く迫る！

ISBN 978-4-86185-234-3

★日本図書館協会選定図書　孟繁華 著　脇屋克仁、松井仁子 訳　2800円＋税

現代中国カルチャーマップ
百花繚乱の新時代

悠久の歴史と ポップカルチャーの洗礼

新旧入り混じる混沌の現代中国を文学・ドラマ・映画・ブームなど立体的によみとく一冊。

ISBN 978-4-86185-201-5

★武吉次朗・明石康　両氏賞賛の名訳！　チーグアン・ジャオ 著　元国連事務次長 明石康 推薦　町田晶 訳　1900円＋税

悩まない心をつくる人生講義
タオイズムの教えを現代に活かす

全米で人気、現代人のための老子思想

悩みは100%自分で消せる！　流れに従って生きる老子の人生哲学を、比較文化学者が現代人のため身近な例を用いて分かりやすく解説。

ISBN 978-4-86185-215-2

大岡信 愛の詩集

戦後日本を代表する詩人の珠玉集

テレビ・ラジオ中国語座講師として知られる
陳淑梅が中国語翻訳を全面的に担当。大岡信の
「愛の詩」を耳でも鑑賞していただくために、日
中両国語朗読CD付。

ISBN 978-4-86185-253-4

来た!見た!感じた!! ナゾの国 おどろきの国
でも気になる国 日本

中国人ブロガー22人の
「ありのまま」体験記

誤解も偏見も一見にしかず!　来日した中国人
ブロガーが発信する「100%体験済!」の日本論。

ISBN 978-4-86185-189-6

弊社の出版物は全国の書店などでお求めいただけます。また、全国の図書館へのリクエストにも対応しております。

東京工業大学名誉教授
橋爪大三郎氏 絶賛!!

「待望の中国の自己認識の書だ。
日本語訳文も正確で読みやすい。中国関連の必須図書として、
全国のなるべく多くの図書館に
一冊ずつ備えてもらいたい」

（毎日新聞 2018年1月14日 書評より）

中国政治経済史論
毛沢東時代 1949~1976

データで明らかにする新中国の骨格

新中国建国から第一次五カ年計画、大躍進、人民
公社、文化大革命へ連なる毛沢東時代の功罪と
「中国近代化への道」を鋭く分析した渾身の大作。

胡鞍鋼 著
日中翻訳学院 本書翻訳チーム 訳
16000円＋税　ISBN 978-4-86185-221-3

日中翻訳学院のご案内
http://fanyi.duan.jp

「信・達・雅」の実力で日中出版交流に橋を架ける

日本僑報社は 2008 年 9 月、北京オリンピックを支援する勉強会を母体に、日中の出版交流を促進するため、「日中翻訳学院」を設立した。以来、「忠実に、なめらかに、美しく」（中国語で「信・達・雅」）を目標に研鑽を積み重ねている。

「出版翻訳のプロ」を目指す人の夢を実現する場

「日中翻訳学院」は、「出版翻訳」の第一線で活躍したい人々の夢を実現する場である。「日文中訳」や「中文日訳」のコースを設け、厳選された文芸作品、学術書、ビジネス書などのオリジナル教材を使って、高度な表現力を磨き、洗練された訳文を実現する。運営母体の日本僑報社は、日中翻訳学院で実力をつけた成績優秀者に優先的に出版翻訳を依頼し、多くの書籍が刊行されてきた。

当学院の学習者と修了生には、日本僑報社の翻訳人材データバンクへの無料登録に加え、翻訳、監訳の仕事が優先的に紹介されるという特典がある。自ら出版、翻訳事業を手がける日本僑報社が設立した当学院だからこそ、「学び」が「仕事」につながるというメリットがある。

一流の講師陣、中国の翻訳界と友好関係

日中翻訳学院は、日中翻訳の第一人者である武吉次朗氏をはじめとする実績豊富な一流の講師陣がそろい、一人ひとりに対応した丁寧な指導で、着実なステップアップを図っている。メールによる的確な添削指導を行う通信講座のほか、スクーリングでは、それぞれのキャリアや得意分野を持つ他の受講生との交流や情報交換がモチベーションを向上させ、将来の仕事に生きる人脈も築かれる。

中国の翻訳界と友好関係にあり、実力養成の機会や活躍の場がますます広がっている。